www.ingramcontent.com/pod-product-compliance
Lightning Source LLC
Chambersburg PA
CBHW061827040426
42447CB00012B/2859

* 9 7 8 0 9 9 8 5 1 5 7 9 3 *

وہی جو دُکھ بھرے موسم کی ویرانی میں سینوں پر دھنک لمحوں کی خوشبو سے مہکتا ہاتھ رکھتا ہے دِلوں کو جوڑتا ہے اور پھر ان میں محبت نام کی سوغات رکھتا ہے، سفر میں راستے گم ہوں، ردائے گمرہی کتنی ہی میلی ہو غموں کی دھوپ پھیلی ہو۔ اُسے کوئی کہیں جس وقت اور جس حال میں آواز دیتا ہے، وہ سنتا ہے، بہت ہی مہرباں ہے رحم کرتا ہے، وہی سچ ہے ہمیں سچ بولنے کا حکم دیتا ہے، سو اُس کو یاد کرتے ہیں اسی کے نام سے آغاز کرتے ہیں۔

○

رات گلیوں میں پھرے انجم و مہتاب لئے
صبح کے ساتھ ترے کوچۂ و بازار کُھلیں

میں ترا ہوں تو تری ذات میں گُم ہو جاؤں
مجھ پر اس طرح ترے ذکر کے اسرار کُھلیں

(اگست/۱۹۹۳ء)

First Paperback Edition: January 2017
Book Name: Mohabbat Ik Shajar Hai
Category: Urdu Poetry
Poet: Saleem Kausar
Title: Raja Ishaq
Language: Urdu

Publisher: Andaaz Publications
4616 E Jaeger Rd
Phoenix, AZ 85050 USA
Email: admin@andaazpublications.com
Web: www.andaazpublications.com
Ordering Information: available from amazon.com and other retail outlets

ISBN: 978-0-9985157-9-3

میں نے اوپر انتساب کے لئے جگہ خالی چھوڑ دی ہے، اگر آپ حُسن اور زندگی سے مُحبّت کرتے ہیں تو اپنا نام لکھ لیجئے۔

○

سخن کدہ مری حدّت سے جل اُٹھا اب تو
اُجالا کیسے دَروبام سے نکلتا ہے
مری زمیں ہے مرا چاند ہے مرا ہالا
مرا ستارہ مرے نام سے نکلتا ہے
(جولائی ۱۹۹۲ء)

برگ و بار

ایک تازہ شعر:

یہ حرف بھی مرے کردار پر نہیں آیا
زمانے میں ترے معیار پر نہیں آیا

اونچی آواز میں ایک سرگوشی

آپ سے بھی اپنے آپ سے بھی

زندگی کی دھوپ چھاؤں میں وقت کی راہداری پر واقع، میں ایک ایسے کمرے میں قید ہوں، جہاں سے کبھی کبھار زمانے تو گزرتے ہیں مگر ہوا نہیں.....اس کمرے میں میرے ساتھ دنیا بھر کے لوگ آباد ہیں لیکن اب دنیا کی غالب آبادی ہَوا کے بغیر ہی زندہ ہے اور میں؟ میں ہَوا کے بغیر زندہ نہیں رہ سکتا۔ اور یوں اس کمرے میں ہوتے ہوئے بھی میں اس کمرے میں نہیں ہوتا۔ حالانکہ اب تک تو مجھے بھی اس کا عادی ہو جانا چاہیے۔ لیکن باوجود کوشش کے میں ایسا نہیں کر سکا کیونکہ ابھی تک میں نے اپنے غصّے، اپنی محبّتیں، اپنا اعتبار، اپنا یقین اور اپنی اُمیدوں کو کمرے سے باہر گلی میں آرٹ کے نام پر کُھلی ہوئی دُکان میں فروخت ہونے نہیں دیا۔ جتنے سال مجھے، اس گھٹن میں ہو گئے ہیں ...... ان سے صدیوں پہلے ہی میں اس کے خلاف احتجاج میں شریک رہا ہوں۔ سُنا ہے ایک زمانے میں یہ کمرا دُور تک ایک ہی کمرا تھا۔ ہوادار، روشن، واضح اور سچ مچ! مگر پھر آس پاس اور اس کے اندر بہت سے کمرے بنتے گئے اور یہ کمرا اپنے باہر پھیلنے کے بجائے اپنے اندر پھیلنے لگا۔ اور وہ کمرے ہوں، شہر ہوں کہ دل، باہر پھیلنے کے بجائے جب اپنے اندر پھیلنے لگیں تو جذبے احتجاج بن جاتے ہیں.....اور احتجاج کی تاریخ وقت کی عدالت کے باہر اپنے فیصلے خود کرتی ہے۔ جن ہاتھوں نے اس کمرے کی تقسیم کا نظام جاری کیا تھا انہوں نے اپنے لئے بڑے ہوادار، روشن اور واضح اور سچ مچ باہر کی طرف کُھلنے والے دروازے منتخب کئے اور باقیوں کے لئے چھوٹے چھوٹے حبس زدہ اندھیرے اور اندر کی طرف رینگنے والی کھڑکیاں.....اور یوں دروازے والوں نے کھڑکیاں بانٹ لیں۔

پھر ایک چندرما کی رات محاذ جنگ سے لہولہان اور نڈھال لوٹتے ہوئے مجھ میں محبّتوں کے سدا آباد گیت رچ بس گئے۔ ان گیتوں کی نغمگی سے مجھ میں زندگی کی تہہ داریوں کے بھید پھوٹ بہے......اور اس بہاؤ میں میری مٹّی سیراب ہوئی۔ اور اس مٹّی سے محبت کی ہریالی سُندرتا ہوا کی سرگوشیوں میں بیدار ہوتی چلی گئی۔ میں نے کمرے کے حَبس کو توڑنے کا راستہ ڈھونڈ لیا تھا......اور ایک دن میں کھڑکی والے کمرے سے غیر محسوس طور پر بڑے

دروازے سے ہوتا ہُوا باہر آ گیا......اب کمرا مجھ میں ہے اور میں کمرے میں......زندگی کی دھوپ چھاؤں میں وقت کے راستوں پر میں نے وہ سب محبّت بھری ہریالی سُندر کونپلیں زمین کے سینے میں محفوظ کر دیں جو ہوا کی سرگوشیوں میں بیدار ہوئی تھیں۔ بہت دن ہو گئے خوشبو بتاتی ہے کہ اب وہ ہریالی سُندر کونپلیں شجر بن گئی ہیں اور اس پر برگ و بار آنے لگے ہیں۔

محبّت اِک شجر ہے......اپنے پھیلاؤ میں جہاں یہ ستارہ زمین سے جڑاؤ کا ایک یقین ہے وہاں آسمانوں کی طرف سَربلندی کا ایک زندہ احساس بھی ہے۔ یہ ایک بلاوا ہے بچھڑے ہُوؤں کو ملانے کا......ایک آواز ہے تاریکی سے روشنی کی طرف مُسافتوں کی دھنک میں جھلمِل جھلمِل کرتے ہوئے مُسافروں کو حوصلہ دیتی ہوئی......ایک موسم ہے اپنے باطن سے اپنے ظاہر کی ہَیئتوں میں پوری قوت اور انتہائی شدّت سے پھُوٹتا ہُوا۔

اِس شجر کی چھاؤں زمان و مکاں کا جبر یہ نظام جھیلتے جھیلتے اپنے اندر اور اپنے باہر گہری اور گہری ہوتی جا رہی ہے۔ میری شاعری میں یہ استعارہ فیشن کے طور پر نہیں آیا بلکہ اِس استعارے سے میرے اعصابی اور فکری نظام کی بُنت ہُوئی ہے۔ اس جذبے کی باہوں میں جہاں لوگ روز مرتے ہیں میں روز جیتا ہوں......محبّت کے سِوا بھی جو غم ہیں وہ محبّت کے نہ ہونے کے سبب ہیں.....یہ جو ہم دربدر ہوتے جا رہے ہیں.....ٹوٹ پھوٹ رہے ہیں.....بہت دُکھی سے ہو گئے ہیں اور یہ جو ہم اپنے آپ میں نہیں رہے ہیں اور یہ جو ہمیں نفرتوں کی مٹّی میں کھاد کے طور پر استعمال کیا جا رہا ہے.....اور یہ جو ہم پُوری دنیا میں زخم خوردہ، اپنے ہی گلی کوچوں میں بے گھری کا عذاب جھیل رہے ہیں.....تو یہ سب اس لئے ہے کہ دُنیا اِس شجر کی چھاؤں سے محروم ہوتی جا رہی ہے۔ یہ چھاؤں عجیب چھاؤں ہے.....ہم ٹوٹتے ہیں یہ ہمیں اعتدال پر لے آتی ہے۔ ہم نفرتوں کی تلواریں لہراتے ہوئے آتے ہیں یہ ہمارے ہاتھوں میں محبّت کی ڈھال دے دیتی ہے۔

موجودہ دُنیا کے خدوخال تیزی سے بدل رہے ہیں......آدمی کی جدّوجہد کی کہانی میں نئے امکانات اور نئے جہانوں کی دریافت اُبھری ہے۔ سائنس اور ٹیکنالوجی کے بدلتے ہوئے رجحانات کی گونج میں پیچھے مڑ کر دیکھنا محال ہو گیا ہے۔ کائنات اپنے ظاہر اور اپنے باطن میں برہنہ ہوتی جا رہی ہے اور یہ برہنگی فکری اور علمی اور حسّی تجربہ گاہ میں آدمی کی دانش پر نت نئے اسرار کا اعلانیہ ہے۔ یہ منہمک جذبے دلوں کی تسخیر پر مامور ہیں......ہر گزرتا ہوا پل ہمیں ایک نئے حیرت کدے میں لا کھڑا کرتا ہے۔ ہر بدلتا ہوا لمحہ ایک نیا سوال اُٹھا کر گزر رہا ہے اور

ان سوالوں کا جواب ڈھونڈنے والوں نے وقت کے ٹھاٹھیں مارتے ہوئے بے رحم سمندر کو ساحلوں سے باہر نہیں آنے دیا۔

محبّت اِک شجر ہے......انہی ساحلوں پر آنے والے بے انتہا زمانوں کی آہٹوں کے رقص پر اپنے سایوں کے رنگ اُڑاتا ہوا ایسا بے بہا گیت ہے جس میں خدا، انسان اور کائنات کے تعلّق کا منظر نامہ اور اس منظر نامے کے اُفق پر ہمارے دُکھ سُکھ کے سارے موسموں کی کہانیاں اپنے کرداروں سے کہیں ملتی اور کہیں بچھڑتی ہیں......انہی ملتی اور بچھڑتی ہوئی ساعتوں کے بیچ، میں کمرے کی کھڑکی سے باہر جھانک کر دیکھتا ہوں کہ باہر جانے کا راستہ صرف تقسیم کاروں کے لئے کُھلا ہے۔ دروازے پر دستکوں کا پہرہ لگا ہوا تھا۔ صبح کی رتھ سے نئے دن کی سواری اُتر رہی تھی اور پھر دُور تک اور دیر تک نئے دن کی کرنوں کے ساز ینے پر سمندر کی یاد اُڑاتی اور جھاگ نہاتی لہریں رقص کرتی رہیں۔ دروازے پر لگا دستکوں کا پہرہ سمے کی چاپ میں بدلتا گیا اور اس چاپ کی دُھن پر اپنے سایوں کے رنگ اُڑاتا ہوا، ایک بے بہا اور بے انتہا گیت اپنے بھید کھولتا رہا

محبّت اِک شجر ہے
اور شجر کو...اس سے کیا مطلب
کہ اس کے سائے میں جو بھی تھکا ہارا مسافر آ کے بیٹھا ہے
اب اس کی نسل کیا ہے رنگ کیسا ہے

مجھے کمرے میں قید کر کے بھول جانے والوں کو یہ بات بھی یاد نہیں رہی کہ مجھے خواب دیکھنے اور خواب دکھانے کا ہُنر خوب آتا ہے......اور یہ خواب زندگی کی سچّائیوں سے کشید کئے ہوئے وہ موسم ہیں جو میرے لہو کی روشنی میں ایک والہانہ آب و تاب سے لہرا رہے ہیں......میرے اندر تہہ در تہہ دنیائیں آباد ہیں اور ان تہہ در تہہ دنیاؤں کے رُوپ رنگ مجھ میں تمثال گری کرتے رہتے ہیں۔ اور تمثال گری کے ہنر میں بنتے بگڑتے کرداروں کے نقش و نگار آسانی سے پہچانے نہیں جاتے، مگر میں انہیں کچھ جانتا ہوں کہ میں اپنے باہر اور اپنے اندر بدلتی ہوئی دنیا کے ایک ایک پل کا شریک رہا ہوں......اور میری یہ شراکت صدیوں پر محیط ہے۔ میری صفیں واضح روشن اور سچ مچ ہیں......میں بھلا حسینؓ کی موجودگی میں یزید سے محبّت کیسے کر سکتا ہوں۔

سلیم کوثر
(دسمبر ۱۹۹۳ء)

○

کچھ بھی نہیں ہے رائیگاں کوئی نہیں ہے بے ثبات

اپنے ہی اصل کی طرف لوٹ رہی ہے کائنات

(۱۹۹۳ء)

○

اس سے پہلے کہ یہ دنیا مجھے رسوا کردے
تو مرے جسم مری روح کو اچھّا کردے

کس قدر ٹوٹ رہی ہے مری وحدت مجھ میں
اے مرے وحدتوں والے مجھے یکجا کردے

یہ جو حالت ہے مری میں نے بنائی ہے مگر
جیسا تو چاہتا ہے اب مجھے ویسا کردے

میرے ہر فیصلے میں تیری رضا شامل ہو
جو ترا حکم ہو وہ میرا ارادہ کردے

مُجھ کو ہر سَمت اندھیرا ہی نظر آتا ہے
کوربینی کو مِری دیدۂ بینا کر دے

مجھ کو وہ عِلم سکھا جس سے اُجالے پھیلیں
مجھ کو وہ اِسم پڑھا جو مجھے زندہ کر دے

میرے لوگوں کو جہالت کے اندھیروں سے نکال
میرے بچّوں کو مَہ و مہر و سِتارہ کر دے

ضائع ہونے سے بچا لے مرے معبود مجھے
یہ نہ ہو وقت مجھے کھیل تماشا کر دے

میں مُسافر ہوں سو رستے مجھے راس آتے ہیں
میری منزل کو مرے واسطے رستہ کر دے

میری آواز تری حمد سے لبریز رہے
بزمِ کونین میں جاری مرا نغمہ کر دے

(اگست ۱۹۹۳ء)

اِک نظر ہو تو کیا سے کیا ہو جاؤں
میں جو پتّھر ہُوں آئینہ ہوجاؤں

لوگ کعبے سے سُوئے طَیبہ جائیں
میں تو بس اُنؐ کا راستہ ہوجاؤں

اُنؐ کی گلیوں کا قرض ہُوں میں تو
دیکھیے کب وہاں ادا ہو جاؤں

میں تو اُس شہر کی امانت ہُوں
کب چلوں اور کب ہَوا ہو جاؤں

انؐ کی یادوں کی بزم ہو اور میں
رقص کرتے ہوئے فنا ہوجاؤں

میری آنکھوں میں اُنؐ کے خواب رہیں
اور ہر خواب سے جُدا ہو جاؤں

بس انہیںؐ سوچتا رہوں اور پھر
ہر تصوّر سے ماورا ہوجاؤں

مجھ کو بھی اِذنِ باریابی ہو
خاک سے میں بھی کیمیا ہو جاؤں

کتنی بوسیدگی ہے مجھ میں سلیمؔ
اُنؐ سے مل آؤں تو نیا ہوجاؤں

(اگست ۱۹۹۳ء)

چھاؤں

تمھیں کیسے بتائیں ہم
محبّت اور کہانی میں کوئی رشتہ نہیں ہوتا
کہانی میں
تو ہم واپس بھی آتے ہیں
محبّت میں پلٹنے کا کوئی رستہ نہیں ہوتا

ذرا سوچو!
کہیں دل میں خراشیں ڈالتی یادوں کی سفّاکی
کہیں دامن سے لپٹی ہے کسی بُھولی ہوئی
ساعت کی نم ناکی
کہیں آنکھوں کے خیموں میں
چراغِ خواب گل کرنے کی سازش کو
ہَوا دیتی ہُوئی راتوں کی چالاکی
مگر میں بندۂ خاکی
نہ جانے کتنے فرعونوں سے اُلجھی ہے
مرے لہجے کی بے باکی
مجھے دیکھو
مرے چہرے پہ کتنے موسموں کی گرد
اور اس گرد کی تہہ میں

سَمے کی دُھوپ میں رکھّا اِک آئینہ
اور آئینے میں تاحدِّ نظر پھیلے
محبّت کے ستارے عکس بن کر جھلملاتے ہیں
نئی دنیاؤں کا رستہ بتاتے ہیں
اسی منظر میں آئینے سے اُلجھی کچھ لکیریں ہیں
لکیروں میں کہانی ہے
کہانی اور محبّت میں ازل سے جنگ جاری ہے
محبّت میں اِک ایسا موڑ آتا ہے
جہاں آ کر کہانی ہار جاتی ہے
کہانی میں تو کچھ کردار ہم خود فرض کرتے ہیں
محبّت میں کوئی کردار بھی فرضی نہیں ہوتا
کہانی کو کئی کردار
مل جُل کر کہیں آگے چلاتے ہیں
محبّت اپنے کرداروں کو خود آگے بڑھاتی ہے
کہانی میں کئی کردار
زندہ ہی نہیں رہتے
محبّت اپنے کرداروں کو مَرنے ہی نہیں دیتی
کہانی کے سَفر میں
منظروں کی دُھول اُڑتی ہے
محبّت کی مُسافت راہ گیروں کو بکھرنے ہی نہیں دیتی

محبّت اِک شجر ہے
اور شجر کو اس سے کیا مطلب
کہ اُس کے سائے میں
جو بھی تھکا ہارا مُسافر آ کے بیٹھا ہے
اب اُس کی نسل کیا ہے رنگ کیسا ہے
کہاں سے آیا ہے
کس سَمت جانا ہے
شجر کا کام تو بس چھاؤں دینا
دُھوپ سہنا ہے
اُسے۔اس سے غرض کیا ہے
پڑاوٗ ڈالنے والوں میں کس نے
چھاؤں کی تقسیم کا جھگڑا اُٹھایا ہے
کہاں کس عہد کو توڑا کہاں وعدہ نبھایا ہے
مگر ہم جانتے ہیں
چھاؤں جب تقسیم ہو جائے
تو اکثر دھوپ کے نیزے
رگ و پے میں اُترتے ہیں
اور اس کے زخم خوردہ لوگ
جیتے ہیں نہ مرتے ہیں

(ستمبر ۱۹۹۰ء)

○

کس کی تحویل میں تھے کس کے حوالے ہُوئے لوگ
چشمِ گریہ میں رہے دل سے نکالے ہُوئے لوگ

کب سے راہوں میں تری گرد بنے بیٹھے ہیں
تجھ سے ملنے کے لئے وقت کو ٹالے ہُوئے لوگ

کہیں آنکھوں سے چھلکنے نہیں دیتے تجھ کو
اپنی وحشت میں ترے خواب سنبھالے ہُوئے لوگ

دامنِ صبح میں گرتے ہوئے تاروں کی طرح
جل رہے ہیں تری قربت کے اُجالے ہُوئے لوگ

یا تجھے رکھتے ہیں یا پھر تری خواہش دل میں
ایسے دُنیا میں کہاں چاہنے والے ہُوئے لوگ

(جون/۱۹۹۱ء)

بارش میں تنہا بھیگو یا بھیگو یار کے ساتھ
کتنے زخم مہک اُٹھتے ہیں پہلی پھُوار کے ساتھ

لہروں میں بھی گرہ پڑی ہوتی ہے جیسے دل میں
دریا کے سب بھید نہیں کھُلتے پتوار کے ساتھ

کچھ تو بول مسیحا آخر کیسا روگ لگا ہے
کوئی بھلا بیمار ہُوا ہے یوں بیمار کے ساتھ

وہ کیا جانیں صبح کا منظر نامہ کیا ہوتا ہے
جن کا سورج بندھا ہُوا ہے بس اخبار کے ساتھ

رستے گلیوں پر ہنستے ہیں، آنکھیں ویرانی پر
کیسا منظر بدل گیا اُس خوش رفتار کے ساتھ

یوں بنیادوں سے مت کھیلو ورنہ بعض اوقات
ساری عمارت گر پڑتی ہے اک دیوار کے ساتھ

پہلے تو دستار سنبھالنی مشکل تھی لوگوں کو
شاید اَب کے سَر بھی چلا جائے دستار کے ساتھ

(اگست/۱۹۹۲ء)

جو دل میں ہے آنکھوں کے حوالے نہیں کرنا
خود کو کبھی خوابوں کے حوالے نہیں کرنا

اِس عُمر میں خوش فہمیاں اچھّی نہیں ہوتیں
اِس عُمر کو وعدوں کے حوالے نہیں کرنا

تم اصل سے بچھڑا ہُوا اک خواب ہو شاید
اِس خواب کو یادوں کے حوالے نہیں کرنا

اب اپنے ٹھکانے ہی پہ رہتا نہیں کوئی
پیغام پرندوں کے حوالے نہیں کرنا

دُنیا بھی تو پاتال سے باہر کا سَفر ہے
منزل کبھی رستوں کے حوالے نہیں کرنا

اب کے جو مُسافت ہمیں درپیش ہے اِس میں
کچھ بھی تو سَرابوں کے حوالے نہیں کرنا

جس آگ سے روشن ہُوا احساس کا آنگن
اِس آگ کو اشکوں کے حوالے نہیں کرنا

دیکھا نہیں اِس فقر نے کیا کردیا تم کو
اِس فقر کو شاہوں کے حوالے نہیں کرنا

اِس معرکۂ عشق میں جو حال ہو میرا
لیکن مجھے لوگوں کے حوالے نہیں کرنا

(جنوری/۱۹۹۱ء)

○

وفورِ نشۂ قربت سے کھلتی ہی نہیں آنکھیں
تجھے ہم مل تو آتے ہیں ترا دیدار رہتا ہے

(مئی/۱۹۸۹ء)

○

کیسے ہنگامۂ فرصت میں ملے ہیں تجھ سے
ہم بھرے شہر کی خلوت میں ملے ہیں تجھ سے

سائے سے سایہ گزرتا ہوا محسوس ہُوا
اِک عجب خواب کی حیرت میں ملے ہیں تجھ سے

اتنا شفّاف نہیں ہے ابھی عکسِ دل و جاں
آئینے گردِ مُسافت میں ملے ہیں تجھ سے

اِس قدر تنگ نہیں وُسعتِ صحرائے جہاں
ہم تو اِک اور ہی وحشت میں ملے ہیں تجھ سے

جُز غمِ عشق کوئی کام نہیں ہے سَو اے عشق
جب ملے اِک نئ حالت میں ملے ہیں تجھ سے

وقت کا سیلِ رواں روک ہی لیں گے شاید
وہ جو پھر ملنے کی حسرت میں ملے ہیں تجھ سے

اِتنا خوش فہم نہ ہو اپنی پذیرائی پر
ہم کسی اور محبّت میں ملے ہیں تجھ سے

یاد کا زخم بھی ہم تجھ کو نہیں دے سکتے
دیکھ کِس عالمِ غُربت میں ملے ہیں تجھ سے

اب اگر لَوٹ کے آئے تو ذرا ٹھہریں گے
ہم مُسافر ہیں سَو عجلت میں ملے ہیں تجھ سے

(نیویارک، جنوری/۱۹۹۲)

○

رات ہم نے چاند کو پانی میں دیکھا ہے بہت
آئینے کو اُس کی حیرانی میں دیکھا ہے بہت

(مئی/۱۹۸۸ء)

○

بہت دنوں میں کہیں ہجرِ ماہ و سال کے بعد
رُکا ہوا ہے زمانہ ترے وصال کے بعد

کسی نے پھر ہمیں تسخیر کرلیا شاید
کوئی مثال تو آئی تری مثال کے بعد

عجیب حَبس کے عالَم میں چل رہی تھی ہَوا
ترے جواب سے پہلے، مرے سوال کے بعد

ہمیں جو چپ کے دھندلکوں سے جھانکتی تھیں بہت
وہ آنکھیں دیکھنے والی ہیں عرضِ حال کے بعد

ہم اہلِ خواب کی مجبوریاں سمجھتے ہیں
سَو ہم نے کچھ نہیں سوچا ترے خیال کے بعد

سلیمؔ ہم نے اِک ایسا بھی دن گزارا ہے
کہ جیسے شام کا منظر کہیں زوال کے بعد

(جنوری/۱۹۹۱ء)

○

مجھے خبر تھی مرے بعد وہ بِکھر جاتا
سَواس کو کس کے بھروسے پہ چھوڑ کر جاتا

وہ خوشبوؤں میں گھرا تھا کہ مثلِ سایۂ ابر
میانِ صحنِ چمن میں اِدھر اُدھر جاتا

وہ کوئی نشّہ نہیں تھا کہ ٹُوٹتا مجھ میں
وہ سانحہ بھی نہیں تھا کہ جو گُزر جاتا

وہ خواب جیسا کوئی تھا نگار خانۂ حُسن
میں جتنا دیکھتا وہ اُتنا ہی سَنور جاتا

بس اِک خیال کی لَو میں ڈھلا ہُوا وہ بدن
میں جتنا سوچتا وہ اُتنا ہی نِکھر جاتا

رُکا ہُوا تھا مرا سانس میرے سینے میں
اُسے گلے نہ لگاتا تو گھُٹ کے مَر جاتا

اِک ایسے عالمِ وارفتگی سے گزرا ہوں
جہاں سمیٹتا خود کو تو میں بِکھر جاتا

شکست ہو گیا پندارِ آئینہ ورنہ
یقین کر میں ترے عشق سے مُکر جاتا

نہ جانے کتنے محاذوں پہ جنگ تھی میری
مگر اِک عہد نبھانے میں اپنے گھر جاتا

(ملتان، فروری، جون/۹۳ـ۱۹۹۱ء)

○

کچھ نہ کچھ رکھنی ہے گُنجائشِ دُنیا مرے دل
اُس کی خاطر ہی سہی خواہشِ دُنیا مرے دل

بند آنکھوں سے بھی ہر چیز نظر آتی ہے
اِک عجَب خواب ہے آرائشِ دُنیا مرے دل

سِلسلہ وار سِتاروں کی کمک جاری ہے
ماند پڑتی ہی نہیں تابشِ دُنیا مرے دل

تیرا آغاز تو ہوتا ہی وہاں سے ہے جہاں
ختم ہوجاتی ہے پیمائشِ دُنیا مرے دل

مجھ میں کھل اُٹھتے ہیں نایافت زمانوں کے سراغ
ایسے ہوتی ہے کبھی بارشِ دُنیا مرے دل

لاکھ جلنے سے بچا پھر بھی پکڑتی ہے ضرور
دامنِ دل کو کبھی آتشِ دُنیا مرے دل

تُو کسی حال میں بھی خوش نہیں رہتا ہے تو پھر
میرے کس کام کی آسائشِ دُنیا مرے دل

کیسا ناقابلِ تسخیر ہُوا جاتا ہے
تیرے تو حق میں گئی سازشِ دُنیا مرے دل

عشق وہ حیرت و دانائی کا موسم ہے جہاں
کام آتی ہی نہیں دانشِ دُنیا مرے دل

تیرے قدموں میں نہ رکھ دوں تو نہیں نام سلیم
کر کے تُو دیکھ تو فرمائشِ دُنیا مرے دل

(اگست/۱۹۹۳ء)

اس صفحے کا چوتھا شعر مئی ۲۰۰۳ء (جھنگ)

ہجرت

تم کب اُن باہوں کے ہو
جن باہوں کے حلقے تم پر تنگ ہُوئے ہیں
ہرے بھرے سارے موسم بے رنگ ہُوئے ہیں
جن باہوں کی گردش میں مہتاب نہیں ہے
جذبوں کی محراب نہیں ہے
تم کب ان باہوں کے ہو
جن باہوں کے حَبس زدہ پنجرے کو تم خود توڑ چکے ہو
اور کسی خوشبو سے ناتا جوڑ چکے ہو
تم کب اُن آنکھوں کے ہو
جن آنکھوں کی دُھوپ میں تم جلتے رہتے ہو
ننگے سَر، ننگے پیروں چلتے رہتے ہو
جن آنکھوں کی رہداری میں خواب نہیں ہیں
مَر جانے اور جینے کے آداب نہیں ہیں

عُمر ہُوئی جن کی گلیوں میں
آنا جانا چھوڑ چکے ہو
خوف بھری تاریکی سے منہ موڑ چکے ہو
تم کب اُس کمرے کے ہو
جس کمرے کی کھڑکی میں
پتّھر کے منظر جڑے ہوئے ہیں
اور اس کے دروازے پر شیشے کے پردے پڑے ہوئے ہیں
جس کے ٹھنڈے فرش پہ یاد کا ساون جل جاتا ہے
جس پر آتے جاتے اکثر پاؤں پھسل جاتا ہے
تم کب اُس بستر کے ہو
جس کی شکنوں میں نیندیں بے دخل ہوئی ہیں
سپنے ٹوٹ گئے ہیں، سوچیں قتل ہوئی ہیں
جس کی سردتہوں میں رکھی
برف سے تم جلتے ماتھے کو پھوڑ رہے ہو
روح کے گہرے سنّاٹے میں
ٹوٹی پھوٹی آوازوں کو
کرچی کرچی جوڑ رہے ہو

تم کب ان لوگوں کے ہو
جن کے محل، منارے، گلیاں اور محلّے راس نہ آئے
جو کہنے کو ساتھ بہت تھے
لیکن دل کے پاس نہ آئے
جو سونے اور چاندی میں مٹّی دفنا دیں
جذبوں کو بے حس دیواروں میں چنوا دیں
تم کب اُن لوگوں کے ہو
بچی کھچی سانسوں کو سمیٹو
اُن پر جیون ڈور لپیٹو
بے خوبی کا اِسم پڑھو
اور اپنی ذات کے صحرا سے باہر آ جاؤ
جتنی جلدی ممکن ہو
تم واپس اپنے گھر آ جاؤ

(مارچ/۱۹۹۱ء)

○

اِک گھڑی وصل کی بے وصل ہوئی ہے مجھ میں
کس کے آنے کی خبر قتل ہوئی ہے مجھ میں

سانس لینے سے بھی بھرتا نہیں سینے کا خلا
جانے کیا شے ہے جو بے دخل ہوئی ہے مجھ میں

جل اُٹھے ہیں سرِ مژگاں تری خوشبو کے چراغ
اب کے خوابوں کی عجب فصل ہوئی ہے مجھ میں

مجھ سے باہر تو فقط شور ہے تنہائی کا
ورنہ یہ جنگ تو دراصل ہوئی ہے مجھ میں

تُو نے دیکھا نہیں اِک شخص کے جانے سے سلیم
اِس بھرے شہر کی جو شکل ہوئی ہے مجھ میں

(نومبر ۱۹۹۱ء)

○

پات کا پیڑ سے جھڑنا مری جاں
اِسے کہتے ہیں اُجڑنا مری جاں

کیسا لگتا ہے سنورنے کے لئے
بعض اوقات بگڑنا مری جاں

تیری آمد کا پتا دیتا ہے
سانس کا ایسے اُکھڑنا مری جاں

روشنی اپنی جگہ گھیرتی ہے
تم ہواؤں سے نہ لڑنا مری جاں

ہم نہیں ہوں گے تو پیشانی کو
کسی پتّھر پہ رگڑنا مری جاں

تیرے ملنے سے کُھلا ہے مجھ پر
کتنا مشکل ہے بچھڑنا مری جاں

آسماں خاک ہُوئے ہیں اِن میں
کیا زمینوں پہ اکڑنا مری جاں

(فروری/۱۹۹۱ء)

○

تنگئ دہر ہے بہت ، دشتِ ملال کے سِوا
جائے اماں کوئی نہیں تیرے خیال کے سِوا

طائرِ دل کو ہر گھڑی تازہ اُڑان چاہیے
ورنہ قفس میں کیا نہیں اِک پَر و بال کے سِوا

میں ہی تو اس کا اصل ہوں چُپ ہوں اسی لئے کہ وہ
چاہتا مجھ سے کچھ نہیں حرفِ سوال کے سِوا

اِک نئ آگ ہجر میں ایسے بھڑک اُٹھی کہ پھر
سارے ہی رنگ اُتر گئے رنگِ وصال کے سِوا

تو بھی تو وہ نہیں رہا میں بھی نہیں رہا ہوں وہ
کتنے بدل گئے ہیں ہم صورتِ حال کے سِوا

صاحبِ لازوال نے مجھ پہ بہت کرم کیا
ورنہ عروج ہے یہاں کس کو زوال کے سِوا

(جنوری، فروری ۱۹۹۳ء)

○

راہ سیدھی ہو تو چلتے ہُوئے ڈر لگتا ہے
شاید اب خود بھی سنبھلتے ہُوئے ڈر لگتا ہے

آسمانوں کی کشش کھینچتی رہتی ہے مگر
خاک سے پاؤں نکلتے ہُوئے ڈر لگتا ہے

تم نے چاہا بھی تو کس حال میں چاہا ہے ہمیں
جب ہمیں وقت بدلتے ہُوئے ڈر لگتا ہے

دیکھتے دیکھتے کیا ہوگئی دنیا مجھ میں
اب یہ پتّھر بھی پگھلتے ہُوئے ڈر لگتا ہے

ایسی خلوت کا تمنّائی ہُوا دل جس میں
تیری خواہش بھی مچلتے ہُوئے ڈر لگتا ہے

فاصلے وقت سے آزاد ہُوئے جاتے ہیں
اور تمہیں گھر سے نکلتے ہُوئے ڈر لگتا ہے

تیرے چہرے پہ چمکتا تو ہے سُورج لیکن
دُھوپ دیوار سے ڈھلتے ہُوئے ڈر لگتا ہے

(ستمبر، اکتوبر/۱۹۹۱ء)

○

ہونے کو ہے شام گھر چلا جا
ممکن تو نہیں مگر چلا جا

لوٹی نہیں طائروں کی سنگت
جاگی نہیں رہ گزر چلا جا

اب تک تو ہَوا تھمی ہوئی ہے
ساکت ہیں ابھی شجر چلا جا

کیا حال بنا لیا ہے اپنا
کچھ اپنا خیال کر چلا جا

پھر کوئی سمیٹتا نہیں ہے
ایسے نہ ہو دَر بدَر چلا جا

یاں خیمۂ عافیت نہیں ہے
دُنیا ہے جدھر، اُدھر چلا جا

یہ ساری ہی خوش خرامیاں ہیں
کوئی نہیں ہم سَفر چلا جا

اب اور ہَوائیں چل رہی ہیں
اب کون ہے نامہ بَر چلا جا

مانا کہ تُو جانتا ہے سب کچھ
پھر بھی مرے بے خبر چلا جا

آگے بھی ہیں منظروں کے جھرمٹ
جا اے مرے خوش نظر چلا جا

اَب جنگ کا جو بھی فیصلہ ہو
میں ہوں ناں محاذ پر چلا جا

اَب جاکے ہُوا ہے عشق تجھ سے
اَب تو مجھے چھوڑ کر چلا جا

(مارچ/۱۹۹۱ تا جون/۱۹۹۳ء)

○

اِک ایسی بزم سجائی گئی ہے خلوت میں
سمٹ گیا ہے زمانہ خود اپنی وسعت میں

وہ کارواں جو تری رہ گزر سے لوٹ آئے
اَٹے ہوئے ہیں ابھی تک غبارِ وحشت میں

کوئی بھی یاد مکمل نہیں ہے اُس کے بغیر
یہ ایسا کون ہے شامل مری ضرورت میں

نگاہ و دل ترے بارے میں متّفق ہی نہ تھے
میں خود سے کتنا لڑا ہوں تری محبّت میں

سُنا ہے اب اُنہیں رستے فریب دیتے ہیں
جو لوگ چھوڑ گئے تھے مجھے شرارت میں

تو اپنی جنگ تو میں دوسروں کی لڑتا ہوں
یہی تو فرق ہے تیری مری شہادت میں

اُسے بھلانے میں کچھ وقت تو لگے گا سلیمؔ
مگر میں خود کو نہ رکھوں گا اب اذیّت میں

(جنوری/۱۹۹۱ تا جولائی/۱۹۹۳ء)

تاریخ بے زبان نہیں

ذرا سی دیر کو ٹھہرا تھا رقصِ غم مری جاں
بھڑک اُٹھا تھا ترے قرب کی حرارت سے
چراغِ نشّۂ اُمید خلوتِ دل میں
بس ایک پل کو رُکے تھے اگرچہ جانتے تھے
پڑاؤ کوئی نہیں ہے مُسافتِ دل میں
ابھی ابھی ترے قدموں کی سحر کاری سے
ردائے فرش پہ چاندی کی رو مچلتی تھی
صفِ مژہ پہ ستارے سے جھلملاتے تھے
سُبوئے لب سے محبّت کی مے چھلکتی تھی
عجب دوام تھا منظر کی بے ثباتی میں
نسیمِ صبح ترے دوش پر نکلتی تھی
ترے جمال کے سائے میں دن گزرتا تھا
تو شب خیال کی پرچھائیوں میں ڈھلتی تھی
نئی سَحر کی جَبیں تاب ناک کرنے کو
دَرِ اُفق پہ کہیں روشنی پگھلتی تھی
ہم اہلِ معرکہ اِس روشنی سے دُور کہیں
اندھیری شب سے اُلجھتے تھے اور لڑتے تھے
تو تازہ صبح کی پرچم کشائی کرتے تھے

لہو سے کرتے ہوئے آبیاریٔ دل و جاں
نگار خانۂ ہستی میں رنگ بھرتے تھے
پھر اُس کے بعد کہیں جا کے وہ گھڑی آئی
کہ لوگ جس کا بہت انتظار کرتے تھے
یہ وہ گھڑی تھی کہ نغمے لبوں کو چومتے تھے
زمیں پہ پیڑ، پرندے فضا میں جھومتے تھے
دھنک سی پھیل گئی تھی ہر ایک چہرے پر
کہ شاخِ دل پہ نئے موسموں کی آمد تھی
مہک اُٹھا تھا یہاں خوشبوؤں کا سیلِ رواں
کہ جس کا کوئی علاقہ نہ کوئی سرحد تھی
ہوا پیامِ رہائی اُٹھائے پھرتی تھی
کہ ہم کو حبس نے تنہائیوں میں لوٹا تھا
نکل رہے تھے اسیرانِ ماہ و سال کے پر
کہیں کہیں درِ زنداں کا قفل ٹوٹا تھا
نظر کو راہ تو چہروں کو آشنائی ملی
لبوں کی قید سے آواز کو رہائی ملی
ہوا نے لہر کو روکا، پلک نے آنسو کو
مگر کوئی بھی نہیں روک پایا خوشبو کو
دلوں کے صحن میں منظر بڑے سہانے لگے
اس ایک پل کے لئے وقت کو زمانے لگے
ہوائے صبح اُڑاتی پھری شَبوں کا غبار

درِ نگاہ پہ پہلی کرن نے دستک دی
کچھ اس طرح سے رہے جشنِ انبساط میں گم
بس ایک بار تو چونکے تھے پھر نہیں معلوم
نئ سحر نے یہ دستک نہ جانے کب تک دی
ذراسی دیر کو ٹھہرا تھا رقصِ غم مری جاں
پھر اُس کے بعد وہی قصّۂ الم مری جاں
وہ ایک ساعتِ خوش کن جو ہم سے روٹھ گئی
نئ سحر کو پچھل پائیوں نے گھیر لیا
برائے امن یہاں اہلِ انتقام آئے
مری زمین کو بلوائیوں نے گھیر لیا
نئ سحر کا یہ مطلب لیا کہ اہلِ ہوس
ہمارے خوابوں کی تعبیر لکھنے بیٹھ گئے
جنہیں فرار کا ہر راستہ مہیّا تھا
وہی عوام کی تقدیر لکھنے بیٹھ گئے
وہ ہاتھ خود ہی چراغوں کی لَو بجھانے لگے
جو بام ودر سے اندھیرے کُھرچنے والے تھے
گرج رہے ہیں وہی تشنگی کے صحرا میں
جو اَبر خشک زمیں پر برسنے والے تھے
وہی زمیں ہے، وہی سلطنت، وہی بازار
ردائیں پاؤں تلے روندتے ہیں شاہسوار
اُجڑ رہے ہیں ابھی تک ہرے بھرے خیمے

لگا ہُوا ہے ہر اک سمت مجمعٔ اغیار
لبوں پہ پھیلتا جاتا ہے پیاس کا صحرا
حصار کھِنچتی جاتی ہے آگ کی دیوار
وہی ہے ریت، وہی قافلہ، وہی مقتل
وہی ہے اہلِ محبّت پہ ظلم کی یلغار
ہر اک کمان میں اک تیر رکھ کے چھوڑ دیا
ہر ایک ہاتھ میں دے دی گئی ہے اک تلوار
لڑا دیا گیا آپس میں میرے لوگوں کو
جدھر بھی دیکھئے خوف و ہراس طاری ہے
سب ایک ہیں مگر اک دوسرے سے کہتے ہیں
کہ یہ تمہاری ہے دیوار یہ ہماری ہے
زمیں کھنڈر ہوئی جاتی ہے نفرتوں سے مگر
گداگرانِ سیاست کا کھیل جاری ہے
یہاں پہ ہم ہیں، وہاں تم ہو، کیا حساب کریں
عجب طرح سے زمیں بانٹ دی گئی ہے مری
سَرِ عدالت دُنیا کبھی گواہی نہ دوں
اِسی لئے تو زباں کاٹ دی گئی ہے مری
مگر یہ دُکھ ہے کہ ظالم کو کچھ خبر ہی نہیں
خموشیوں کی بھی اپنی زبان ہوتی ہے
وہ جانتا نہیں ایسی بھی اک عدالت ہے
جہاں پہ صرف خموشی بیان ہوتی ہے

سو لکھ رہا ہوں کہ منصب یہی ملا ہے مجھے
یہ سب اُجڑتے ہوئے صبح و شام میرے ہیں
یہیں پہ جینا ہے مجھ کو یہیں پہ مرنا ہے
کہ میں عوام سے ہوں اور عوام میرے ہیں
زمیں بھی میری ہے رختِ سفر بھی میرا ہے
جو لُٹ رہا ہے مسلسل وہ گھر بھی میرا ہے
کبھی تو مجھ میں کوئی بے گناہ قتل ہُوا
تو سامنے ہی کوئی بے قصور مارا گیا
ابھی جو لاش اُٹھا کر یہاں پہ لائی گئی
وہ لاش اور کسی کی نہیں ہے، میری ہے
ابھی ابھی جو سُنی تم نے چیخ میری تھی
ابھی جو آنکھ بجھائی گئی وہ میری ہے
ابھی جو خواب جلایا وہ خواب میرا ہے
کہیں درخت کٹے دُھوپ مجھ پہ آتی ہے
کسی بھی شاخ سے ٹوٹے گلاب میرا ہے
مری خموشی اگرچہ مرا بیان نہیں
میں بے زباں سہی، تاریخ بے زبان نہیں

(جون/۱۹۹۰ء)

○

مسافروں کو نصابِ سفر بھی یاد نہیں
پلٹنا چاہتے ہیں اور گھر بھی یاد نہیں

سلیم کوئی مرا منتظر ہے اور مجھے
گلی بھی یاد نہیں، رہ گزر بھی یاد نہیں

(فروری/۱۹۸۱ء)

○

لاکھ مِسمار کیئے جائیں زمانے والے
آ ہی جاتے ہیں نیا شہر بسانے والے

اس کی زد پر وہ کبھی خود بھی تو آسکتے ہیں
یہ کہاں جانتے ہیں آگ لگانے والے

کون تعبیر کی سوچے کہ سبھی قتل ہوئے
موسمِ خواب کی تفصیل بتانے والے

اب تو سَاون میں بھی بارود برستا ہے یہاں
اب وہ موسم نہیں بارش میں نہانے والے

اتنا آسان نہیں شہرِ محبّت کا پتا
خود بھٹکتے ہیں یہاں راہ بتانے والے

سَر سے جاتا ہی نہیں وعدۂ فردا کا جُنوں
مَر گئے عدل کی زنجیر ہلانے والے

اب جو ملتی ہے تو تنہائی یہی پوچھتی ہے
تم ہو بچھڑے ہُوئے لوگوں کو ملانے والے

ہم نہ کہتے تھے تجھے وقت بہت ظالم ہے
کیا ہُوئے اب وہ ترے ناز اُٹھانے والے

سائے میں بیٹھی ہوئی نسل کو معلوم نہیں
دُھوپ کی نذر ہوئے پیڑ لگانے والے

گھر میں دیواریں ہیں اور صحن میں آنکھیں ہیں سلیمؔ
اتنے آزاد نہیں وعدہ نبھانے والے

(فروری ۱۹۹۲ء)

○

دکھائی کچھ نہیں دیتا نگاہ ہوتے ہُوئے
بچا ہُوا ہے وہ قاتل گواہ ہوتے ہُوئے

اب اس سے بڑھ کے محبّت کا قحط کیا ہوگا
سب اجنبی ہیں یہاں رسم وراہ ہوتے ہُوئے

مجھے اُجالے کا لالچ دیا گیا اور پھر
میں دیکھتا رہا دن کو سیاہ ہوتے ہُوئے

کبھی کبھی تو اندھیرا عجیب لگتا ہے
ہزار سلسلۂ مہر و ماہ ہوتے ہُوئے

ازل سے لوگ مُساوات چاہتے ہیں یہاں
غلام ہوتے ہُوئے ، بادشاہ ہوتے ہُوئے

کوئی سحر ہو اُنہی کے لہو سے پھوٹتی ہے
جو لوگ مارے گئے بے گناہ ہوتے ہُوئے

سلیؔم سارے گلی کوچے یاد ہیں پھر بھی
بھٹک گئے ترے گرد و نواح ہوتے ہُوئے

(اپریل ۱۹۹۰ء)

اِس کے بعد اور ابھی سخت مقام آئے گا
حوصلہ یوں نہ گنوا یہ ترے کام آئے گا

اِتنا مایوس نہ ہو گردشِ افلاک سے تُو
صبح نکلا جو ستارہ سَرِ شام آئے گا

میں تری یاد کے زنداں میں ابھی تک ہوں اسیر
کب تُو آزاد کرانے یہ غلام آئے گا

اور کچھ دن جو یہی خوف کا عالم ہے تو پھر
نہ دعائیں کوئی دے گا نہ سلام آئے گا

کتنی مفلس ہوئی جاتی ہے یہ دُنیا پھر بھی
سوچتی ہے کہ کوئی اور نظام آئے گا

راستے اہلِ مُسافت سے کہاں خالی ہیں
تھک گئے ہم تو کوئی تازہ خرام آئے گا

میں تو اک جہدِ مسلسل ہوں، محبّت ہوں سلیمؔ
زندہ لوگوں میں ہمیشہ مرا نام آئے گا

(جون، جولائی ۱۹۹۲ء)

○

منظر کی عریانی بڑھتی جاتی ہے
آنکھوں میں ویرانی بڑھتی جاتی ہے

حیرت والی کوئی بات نہیں تو پھر
کیوں اِتنی حیرانی بڑھتی جاتی ہے

باہر برف میں لپٹا ایک نیا موسم
اندر آگ پرانی بڑھتی جاتی ہے

جب سے لوگ کناروں پر آباد ہُوئے
دریا میں طغیانی بڑھتی جاتی ہے

ہر جانب بارود بچھا ہے قدموں میں
اور خلقت دیوانی بڑھتی جاتی ہے

خاموشی سے ظلم سہے جاتے ہیں لوگ
کتنی تن آسانی بڑھتی جاتی ہے

ختم ہوئے جاتے ہیں سَب کردار سلیمؔ
لیکن ایک کہانی بڑھتی جاتی ہے

(لندن، نومبر ۱۹۹۲ء)

سُورج کب مسمار ہوا ہے

(عبادت گاہوں کی بے حرمتی پر)

ایک طرح کی منصب داری ایک طرح کا نعرا
کوئی کہیں پر مندر توڑے
یا ڈھائے گوردوارا
چرچ گرا جائے کوئی پاگل
یا مسجد مینارا
یہ کوئی کھیل نہیں ہے جس کو
دیکھے اَب جگ سَارا
باہر کیسا اُجلا پن اندر کتنا اندھیارا
کس کا حق تسلیم کرے گا جو خود ہو ہتھیارا
منظر دُھول ہُوئے رستوں کی اور گلشن انگارہ
دُنیا بدصورت ہاتھوں کی زد میں آگئی یارا
کتنے نئے پُرانے زخم اُبھرتے ہی جاتے ہیں
ہر لمحہ تاریخ کے صفحے بھرتے ہی جاتے ہیں
کیسے لوگ ہیں دیکھو حوصلوں اور ارادوں والے
سَب جینا چاہیں یہ ہنس کر مرتے ہی جاتے ہیں
لہر سے لہر ملی اور آگے موج میں گُم ہے دھارا
جذبوں کے گہرے ساگر میں ڈھونڈے کون کِنارہ
سچّائی تبدیل نہیں ہوتی جُھوٹی باتوں سے
سُورج کب مِسمار ہُوا ہے اِن کالی راتوں سے

(دسمبر ۱۹۹۲ء)

○

وہ شعلہ رُو دلِ بے باک سے لپٹتا ہے
کہ مہر سینۂ صَد چاک سے لپٹتا ہے

عجب ہَوا ہے یہاں جو بھی سَربلند ہُوا
وہی شجر خس و خاشاک سے لپٹتا ہے

گُزر گئے تری یادوں کے کارواں اے دوست
غُبار دیدۂ نم ناک سے لپٹتا ہے

بہت بلند سہی مجھ سے آسماں پھر بھی
کہیں کہیں تو مِری خاک سے لپٹتا ہے

(نومبر ۱۹۸۸ء)

نیّت ہی اگر ٹھیک زمانے کی نہیں ہے
جلدی تو مجھے بھی کہیں جانے کی نہیں ہے

جن خوابوں کی تعبیر پہ اِصرار ہے تم کو
اُن خوابوں کی تعبیر بتانے کی نہیں ہے

جس بات کو پھرتے ہو چُھپائے ہُوئے دل میں
وہ بات کسی سے بھی چُھپانے کی نہیں ہے

اِس بھیڑ میں سائے سے بچھڑتا ہُوا سایا
کہتا ہے یہاں ساتھ نبھانے کی نہیں ہے

جلتے ہوئے شہروں میں اضافہ ہی تو ہوگا
جب رسم کوئی آگ بُجھانے کی نہیں ہے

چہروں سے پڑھو جبرِ مہ و سال کی تاریخ
یہ داستاں دُنیا کو سُنانے کی نہیں ہے

سَب لوگ خزانے کی طرف دوڑ رہے ہیں
چابی تو کسی پاس خزانے کی نہیں ہے

جو تیرے لئے وقت سے لڑتے ہیں ابھی تک
اُن کو تو خبر ہی ترے آنے کی نہیں ہے

دُکھ یہ ہے تُو سچّائی کا عادی نہیں ورنہ
یہ عمر تجھے خواب دکھانے کی نہیں ہے

(ستمبر ۱۹۹۳ء)

○

ہمیں اچھّا تو لگتا ہے تمہارا اِس طرح ملنا
مگر اچھّا نہیں لگتا ہمارا اِس طرح ملنا

محبّت میں کہاں تم دُنیا داری کو اُٹھا لائے
کہ نفع اِس طرح ہونا خسارہ اِس طرح ملنا

مرے ملّاح نے شاید یہ پہلی بار دیکھا ہے
تہہِ گرداب کشتی کو کِنارہ اِس طرح ملنا

اُن آنکھوں میں ابھی تک ضبط کا بندھن نہیں ٹوٹا
رُلاتا ہے ٹھہرنے کا اشارہ اِس طرح ملنا

شکستہ آئینے خوابوں سے جڑتے تو نہیں لیکن
کسی ٹوٹے ہوئے دل سے ستارہ اِس طرح ملنا

کہ جیسے یاد آجائے کوئی بُھولا ہُوا رستہ
سلیم اچھّا لگا اُس کا دوبارہ اِس طرح ملنا

(جولائی/۱۹۹۰ء)

○

تو جو تم کہہ رہے ہو کیا اسے بھی جھوٹ ہی سمجھیں
ابھی تم نے کہا سچ بولنے والے نہیں ملتے

(مارچ/۱۹۹۰ء)

○

وہ آنکھیں جن سے ملاقات اک بہانہ ہُوا
اُنہیں خبر ہی نہیں کون کب نشانہ ہُوا

ستارۂ سحری کا بھروسا مت کیجو
نئے سفر میں یہ رختِ سفر پُرانا ہُوا

نہ جانے کون سی آتش میں جل بجھے ہم تم
یہاں تو جو بھی ہُوا ہے دُرونِ خانہ ہُوا

کچھ اس طرح سے وہ شامل ہوا کہانی میں
کہ اس کے بعد جو کردار تھا فسانہ ہُوا

اُسی ستارے نے بھٹکا دیا سَرِ منزل
سفر پہ جو مری تحویل میں روانہ ہُوا

تو کیا تُو اپنے اسیروں ہی کو بُھلا بیٹھا
یہ امتحاں تو نہیں یہ تو آزمانا ہُوا

ہمیں تو عشق مقدّر ہے جیسے رزق سلیم
سو چل پڑیں گے جہاں اپنا آب و دانہ ہُوا

(فروری ۱۹۹۰ء)

○

بدل گیا ہے سبھی کچھ اُس ایک ساعت میں
ذرا سی دیر ہمیں ہوگئی تھی عجلت میں

محبّت اپنے لئے جن کو منتخب کر لے
وہ لوگ مر کے بھی مرتے نہیں محبّت میں

میں جانتا ہوں کہ موسم خراب ہے پھر بھی
کوئی تو ساتھ ہے اس دُکھ بھری مُسافت میں

اُسے کسی نے کبھی بولتے نہیں دیکھا
جو شخص چپ نہیں رہتا مری حمایت میں

بدن سے پھُوٹ پڑا ہے تمام عُمر کا ہجر
عجیب حال ہُوا ہے تری رفاقت میں

مجھے سنبھالنے میں اتنی احتیاط نہ کر
بکھر نہ جاؤں کہیں میں تری حفاظت میں

یہاں پہ لوگ ہیں محرومیوں کے مارے ہوئے
کسی سے کچھ نہیں کہنا یہاں مُروّت میں

(جنوری/۱۹۹۱تا جولائی/۱۹۹۳ء)

اسمِ آب

جو تُو تصویر کرتا ہے
جو میں تحریر کرتا ہوں
نہ تیرا ہے نہ میرا ہے
مگر اپنا ہے یہ جب تک
اسے پڑھنے میں کتنی دیر لگتی ہے
ابھی ماحول کو چاروں طرف سے
حَبس کے صحرا نے گھیرا ہے
مگر کب تک
ہَوا چلنے میں کتنی دیر لگتی ہے
کوئی زنجیر ہے شاید ہمارے پاؤں میں
اور راہ میں کافی اندھیرا ہے
مگر کب تک
دیا جلنے میں کتنی دیر لگتی ہے
ہَوائیں بادبانوں سے اُلجھتی اور کہیں ناقہ سواروں کو
کوئی پیغام دیتی شام کے آنچل کو تھامے
ساحلوں کی سَمت آتی ہیں

پرندے دائروں میں اُڑتے پھرتے
اَبر کی چادر میں لپٹے
رنگ برساتے
فضاؤں میں سَفر کی داستاں لکھتے
ٹھکانوں کی طرف جاتے ہوئے
منظر کو اپنے عکس میں تبدیل کرتے ہیں
اچانک سَر پھری موجیں
مجھے چُھو کر گزر جاتی ہیں
اور میں اپنے تلووں سے نکلتی، سنسناتی ریت کی سَرگوشیاں
محسوس کرتا ہوں
وہی میں ہوں، وہی اسبابِ وحشت ہیں، وہی ساحل
وہی تو ہے، وہی ہنستی ہوئی آنکھیں
تری آنکھوں میں رنگوں اور خوابوں کے جزیرے
جگمگاتے ہیں
سَرِ مژگاں روپہلی ساعتوں کے استعارے مسکراتے ہیں
ہنسی مہتاب بنتی ہے
پھر اس مہتاب کے چاروں طرف آواز کا ہالہ اُبھرتا ہے
اور اس ہالے میں تیری اُنگلیاں
نادیدہ منظر کو طلسمِ خواب سے آزاد کرتی ہیں
ترے ہاتھوں کی جنبش
دُھوپ چھاؤں سے دھنک ترتیب دے کر

خالی تصویروں میں خدّ و خال کو آباد کرتی ہے
تری پلکیں جھپکتی ہیں
ستارے سے ستارہ آن ملتا ہے
کہ جیسے شام ہوتے ہی
سُبک آثار لہروں میں
کنارے سے کنارہ آن ملتا ہے
یہ جو کچھ ہے
بہت ہی خوبصورت ہے
مگر اس کے لئے ہے
جو یہ سب محسوس کرتا ہے
تجھے معلوم بھی ہو جائے تو کیا فرق پڑتا ہے
ابھی دن کا تھکا ہارا مُسافر دُھوپ کے خیمے سمیٹے
دُور پانی میں اُترنے کے لئے
بے تاب ہے دیکھو
یہ نیلا آسماں
اپنی گراں خوابی میں خود غرقاب ہے دیکھو
نہ جانے کیوں
سمندر دیکھنے والوں کو
سُورج ڈوبنے کا خوف رہتا ہے
کوئی ہے جس کو اسمِ آب آتا ہو
کِناروں کی طرح ہر لمحہ کٹ گرتا ہو

زیرِآب آتا ہو
سمندر آسماں کی راہداری ہے
مگراس راہداری تک پہنچنے کا کوئی رستہ
بڑی مشکل سے ملتا ہے
یہ اِسمِ آب
ساحل پر کھڑے نظّارہ بینوں کی سمجھ میں کس طرح آئے
کہ یہ تو ڈوبنے والوں پہ بھی
مشکل سے کُھلتا ہے
مگر کب تک
اسے کھلنے میں کتنی دیر لگتی ہے

(جنوری ۱۹۹۰ء)

○

خواب کی لَو میں تماشائے ہُنر کُھلتا ہے
اب تو ہر پل نئے امکان کا در کُھلتا ہے

کون کس رنگ میں کتنا ہے کہاں تک موجود
دُور رہنے پہ حضوری کا اثر کُھلتا ہے

کتنی سرگوشیاں یادوں سے گلے ملتی ہیں
دَر و دیوار اکیلے ہوں تو گھر کُھلتا ہے

کتنے عالم ہیں ابھی دیدۂ حیراں سے اُدھر
دیکھ اے بے خبری دشتِ خبر کُھلتا ہے

میری وسعت پہ بہت کم ہے ردائے افلاک
میں اگر پاؤں چھپاتا ہوں تو سر کھلتا ہے

جیتے جی آدمی ہر لمحہ مُسافر ہے یہاں
رخت کھلتا ہے کہیں اور نہ سفر کھلتا ہے

چھاؤں ہر رنگ میں گہری نہیں ہوتی ہے سلیمؔ
جس قدر دُھوپ کی شدّت ہو شجر کھلتا ہے

(جون/۱۹۹۳ء)

چُھپا ہُوا ہے وہ یوں گیسوؤں کی چادر میں
کہ جیسا عکس کوئی آئینوں کی چادر میں

ہزار ضبط کے موسم گزر گئے پھر بھی
سلگ رہا ہے کوئی آنسوؤں کی چادر میں

نمو کی تازہ دھنک پھوٹنے ہی والی ہے
زمیں سِمٹنے لگی بارشوں کی چادر میں

مُسافر آئے، رُکے بھی یہاں، چلے بھی گئے
غُبار رہ گیا بس راستوں کی چادر میں

نہ جانے کون سے پَل روشنی کا در کھل جائے
بندھی ہے نیند مری رتجگوں کی چادر میں

جُھلس رہی تھی مسلسل مجھے گناہ کی دُھوپ
کہ اُس نے ڈھانپ لیا رحمتوں کی چادر میں

سلیؔم کب سے کھڑے ہیں ترے مرے اطراف
شجر نہائے ہوئے موسموں کی چادر میں

(مارچ ۱۹۹۳ء)

○

نیند کے رنگ فضاؤں میں اُڑاتا ہے کوئی
خواب سے خواب کی تصویر بناتا ہے کوئی

ہم نے چاہا تھا کہ رُکتے تری خاطر لیکن
راستے پاؤں سے کھینچے لئے جاتا ہے کوئی

جانے کیا ضد ہے وہ باتیں ہوں کہ وعدے ہوں کہ لوگ
بھول جاتا ہوں اگر یاد دلاتا ہے کوئی

کاش میں جان سکوں خود سے بچھڑنے کی سزا
اِس قدر بھیڑ ہے اور پاس بُلاتا ہے کوئی

میں جنہیں کھینچتا رہتا ہوں یونہی کاغذ پر
اُن لکیروں سے بھی چہرہ اُبھر آتا ہے کوئی

آگ کی طرح بھڑکتی چلی جاتی ہے جو پیاس
اَبر کی طرح برستا چلا جاتا ہے کوئی

زندگی یوں تو گزرتی چلی جاتی ہے مگر
یاد آتا ہے تو پھر خوب رُلاتا ہے کوئی

میرے سیّارے پہ تبدیلی کا امکاں ہے سلیمؔ
آسمانوں کو زمینوں سے ملاتا ہے کوئی

اورلینڈو (امریکہ)، (دسمبر/۱۹۹۲)

فقط پہلو بدلنے سے رفاقت کم نہیں ہوتی
مگر پھر بھی نہ ملنے کی اذیّت کم نہیں ہوتی

جہاں کوئی بچھڑ جائے وہیں پر اُس کی منزل ہے
کسی کے ساتھ چلنے سے مُسافت کم نہیں ہوتی

تعلّق میں عجب حُسنِ توازن کار فرما ہے
طلب حد سے نہیں بڑھتی ضرورت کم نہیں ہوتی

وصال اتنے گزار آئے ہیں اتنے ہجر جھیلے ہیں
مگر پھر بھی نگاہ و دل کی وحشت کم نہیں ہوتی

ہمارے دُشمنوں میں چاہنے والے بھی شامل ہیں
سَو ہم جس حال میں بھی ہوں محبّت کم نہیں ہوتی

ہزاروں عکس اپنا جوہرِ پندار کھو بیٹھے
مگر اِس آئینہ خانے کی حیرت کم نہیں ہوتی

(فروری/۱۹۹۰ء)

○

جاگنے والو ابھی تک تو یہ شب ہے اپنی
اس کے بعد آئے گی جو صبحِ طرب ہے اپنی

راستے لَوٹ کر اپنی ہی طرف آتے ہیں
جستجو غیر کی ہے اور طلب ہے اپنی

ناگہاں پھیل گئی تجھ سے ملاقات کی گرد
ورنہ رُسوائی کسی اور سبب ہے اپنی

تم نے جس حال میں جلتے ہوئے اب دیکھا ہے
یہ تو اِک عُمر کی کیفیّت شب ہے اپنی

مختصر ہم کئے دیتے ہیں تمہاری خاطر
ویسے رُوداد تو تفصیل طلب ہے اپنی

سب کہاں انجمن آرائی میں ہنگامۂ ذات
اہلِ دل کے لئے خلوت بھی غضب ہے اپنی

(اپریل۱۹۹۳ء)

انتظار

من آنگن میں شہر بسا ہے شہر میں اک دریا بہتا ہے
جس میں چاند ستارے درپن کبھی نہ ٹوٹنے والے بندھن
کبھی نہ بھولنے والی یادیں ٹوٹی پھوٹی کچھ فریادیں
روشن دن اور جھلمل راتیں لفظ اُدھورے پوری باتیں
لہروں لہر اُمڈتے جذبے بہتے جائیں
کوئی کہانی کہتے جائیں
ہرے بھرے پیڑوں پر شاخیں سایوں کی زنجیر بنائیں
پون سندیسے لئے ہوئے نئے موسم کے خوشحال پرندے
پلکوں پر پھیلے رنگوں سے آنکھوں میں تصویر بنائیں
دریا میں افلاک نہائیں
اندر کے سب بھید کنارے کھلتے جائیں
من آنگن میں شہر بسا ہے
شہر میں اک دریا بہتا ہے
دریا کی لہروں میں رستے
رستوں میں اَن دیکھے سپنے کھلے ہوئے ہیں
خواب، دھنک، خوشبو اور چہرے ملے ہوئے ہیں
تیز ہوا میں دیپ سمے کے جلے ہوئے ہیں
لیکن شہر کے دروازے پر
بے خوابی ہے دُکھ سُکھ اوڑھے
جانے کس کی آس میں آنکھیں
نیندوں کا پہرہ دیتی ہیں

(اگست/۱۹۹۳ء)

○

کِسی اضطراب کی لہر نے کبھی مدرسے سے اُٹھالیا
مگر اس کے بعد تو عشق نے مجھے راستے سے اُٹھالیا

وہ عَجب ہَوائے شکستگی تھی پہ تیرے عکسِ خیال کو
کبھی پتّھروں سے بچا لیا کبھی آئینے سے اُٹھالیا

وہ صحیفۂ خدوخال گردِ نگاہ سے تھا اَٹا ہُوا
سو جو حرف متن میں کم ہُوا اُسے حاشیے سے اُٹھالیا

نئی چاہتوں کی پناہ میں وہی سنگِ ہجر ہے راہ میں
دلِ بے خبر نے یہ بوجھ بھی بڑے حوصلے سے اُٹھالیا

سرِ رہ گزارِ زمانہ وقت سے کشمکش میں گزر گئی
کبھی یوں ہی چُھو کے چلے گئے کبھی فاصلے سے اُٹھالیا

(دسمبر، جنوری/۹۰ـ۱۹۸۹ء)

○

بَور پیڑوں پہ تو شاخوں پہ گلاب آتے ہیں
تُو کہیں ہے تو چلا آ ترے خواب آتے ہیں

جان لیوا ہے مُسافت میں اکیلا پن بھی
صرف موسم نہیں رستے بھی خراب آتے ہیں

کیسی راہوں کے مُسافر ہوئے ہم لوگ جہاں
سایہ آتا ہے کہیں اور نہ سراب آتے ہیں

شہرِ دل بارشِ گریہ سے نکھرتا ہے مگر
تیری یادوں کے خزانے تہہِ آب آتے ہیں

شاید اِس بار تری خیر خبر مل جائے
قافلے والوں کے ہمراہ سحاب آتے ہیں

ہم نے کیا جرم کیا تجھ سے محبّت کر کے
جب بھی آتے ہیں ہمیں زیرِ عتاب آتے ہیں

(خانیوال، جنوری ۱۹۹۱ء)

○

یہ کیسے لوگ تری بزم سے نکالے گئے
کہ جس طرف بھی گئے ساتھ ہی اُجالے گئے

وہ چشمِ خواب تو آمادۂ رفاقت تھی
مگر ہم اس کے اشارے کو خود ہی ٹالے گئے

ہر ایک شب کو یہی وہم ہے کہ اُس کے لئے
دیئے جلائے گئے آفتاب اُچھالے گئے

جنہیں سلیقۂ آرائشِ چمن ہی نہیں
یہاں تو اُن کے گلے ہی میں ہار ڈالے گئے

وہ جبر و قدر کی لذّت سے آشنا ہی نہ تھے
جو زندگی کو تری خواہشوں میں ڈھالے گئے

وہ اپنے بارے میں کیا سوچتے جو ساری عُمر
کبھی تجھے تو کبھی تیرا غم سنبھالے گئے

میں ایک خاک نشیں ہوں ہَوا کی زد پہ سلیمؔ
کہاں کہاں نہ مری ذات کے حوالے گئے

(نومبر ۱۹۹۲ء)

○

کیا مسیحائی کرے گا وہ عیادت کے سِوا
مجھ سے واقف ہی نہیں جو میری حالت کے سِوا

اس لئے خوف زدہ ہے مرا دُشمن مجھ سے
چاہتا کچھ بھی نہیں ہوں میں محبّت کے سِوا

ہوش مندوں نے بھی کوشش تو بہت کی لیکن
میرے کچھ کام نہ آیا مری غفلت کے سِوا

وہ تری بزم ہو یا کوچۂ و بازار ترے
کوئی رونق ہی نہیں سنگِ ملامت کے سِوا

تیری خاطر تو ہمیں جاں سے گزرنا تھا مگر
کچھ بھی کر پائے نہ دُنیا سے بغاوت کے سِوا

لشکری گھات میں بیٹھے ہیں مگر ایک نظر
جانے کیا دیکھتی ہے مالِ غنیمت کے سِوا

تونے تو پھر بھی زمانے کے چلن سیکھ لیے
میں تو کچھ بھی نہیں کر پایا محبّت کے سِوا

اس قدر سہل نہ لے میری جنوں خیزی کو
ایک ہنگامہ ہے مجھ میں مری وحشت کے سِوا

بے یقینی بھی جہالت سے جنم لیتی ہے
ورنہ سب کچھ ہے یہاں دانش و حیرت کے سِوا

یہ جو اک شورِ نہاں خانۂ دل میں ہے سلیمؔ
کچھ تو ہے انجمن آرائیِ خلوت کے سِوا

(جولائی/۱۹۹۳ء)

(اس صفحے پر تیسرا شعر جنوری ۱۹۹۷ء)

چراغِ یاد کی لَو ہم سفر کہاں تک ہے
یہ روشنی مری دہلیز پر کہاں تک ہے

بس ایک تم تھے کہ جو دل کا حال جانتے تھے
سَو اب تمہیں بھی ہماری خبر کہاں تک ہے

مُسافرانِ جنوں گرد ہوگئے لیکن
کُھلا نہیں کہ تری رہ گزر کہاں تک ہے

ہر ایک لمحہ بدلتی ہُوئی کہانی میں
حکایتِ غمِ دل معتبر کہاں تک ہے

زمیں کی آخری حد پر پہنچ کے سوچتا ہوں
یہاں سے موسمِ دیوار و در کہاں تک ہے

بچھڑنے والوں کو اندازہ ہی نہیں ہوتا
تو ہم سَفر ہے مگر ہم سَفر کہاں تک ہے

عجیب لوگ ہیں آزادیوں کے مارے ہوئے
قفس میں پوچھتے پھرتے ہیں گھر کہاں تک ہے

(اوسلو، اکتوبر ۱۹۹۲ء)

○

جیون کی تپتی راہوں میں شام ڈھلے تو آجانا تم
جب آنکھوں میں خواب اور دل میں یاد جلے تو آجانا تم

جب تک شاخیں ہری بھری اور خوشبو بھید بھری ہے رہنا
جب یہ رنگ بھرا میلہ ہو پاؤں تلے تو آجانا تم

ابھی تو روپ سروپ کا سونا چڑھا ہوا ہے سورج بن کر
جب ان روشن میناروں سے دُھوپ ڈھلے تو آجانا تم

ابھی تو آتے جاتے موسم تم کو دیکھ کے رُک جاتے ہیں
جب تنہائی روئے وحشت ہاتھ ملے تو آجانا تم

ابھی تو اپنے آپ سے ملنے میں بھی تم کو ڈر لگتا ہے
جب سائے کی دُھند میں رستہ ساتھ چلے تو آجانا تم

ابھی تو کوچۂ عشق میں ہر سُو اہلِ سیاست گھوم رہے ہیں
جب یہ بھیڑ چھٹے اور تم کو وقت ملے تو آجانا تم

(ستمبر/۱۹۹۳ء)

○

بیتے ہوئے دن لمحۂ خاموش میں رکھنا
یہ سال نیا ہے اِسے آغوش میں رکھنا

ان نیم وا آنکھوں میں سخن کرنے لگے خواب
ممکن ہی نہیں خود کو یہاں ہوش میں رکھنا

(جنوری/۱۹۸۱ء)

نئ صدی منتظر کھڑی ہے

یا ایھاالناس

ابھی یہاں رہ گزارِ ہستی کی بھل بھلیوں میں ہانپتی کانپتی یہ خلقت
نڈھال قدموں سے وقت کی ریت کو ہٹاتی
نئ مسافت کے سلسلوں کو ترس رہی ہے
میں جانتا ہوں
کہ امن کے نام پر ہمیشہ ہی قتل و غارت کی اتنی ہوس رہی ہے
یہ زندگی اپنی وسعتوں میں قفس رہی ہے
اگرچہ صدیوں کی آمد و رفت
ساعتِ یک نفس رہی ہے
مگر وہ سچّائیوں کی خوشبو
جو جبر کے دائروں میں صف بستہ جانے کب سے
ضمیرِ انساں پہ دستکوں کی پھوار بن کر برس رہی ہے
نئ صدی منتظر کھڑی ہے
یہ خاکِ صومالیہ ہے
جس کی زمین پر آدمی کاشت ہو رہے ہیں
مگر یہاں بھوک کے علاوہ
کسی بھی موسم کا ذائقہ پھوٹتا نہیں ہے
شکستہ جسموں کی بے کسی کا مآل آنکھوں میں جم گیا

ٹوٹا نہیں ہے
ارضِ افغان ہے، فلسطین ہے، یہ کشمیر ہے، یہ کیا ہے
یہ خطّۂ امن ہے کوئی یا لہو کی جاگیر ہے یہ کیا ہے
یہ جنگ نفرت، یہ بے حسی خوف اور سیاست کے گھُپ اندھیرے
تو کیا یہ سب خواب ہیں ہمارے یہ ان کی تعبیر ہے یہ کیا ہے
یہ دشتِ ہرزیگوینیا
جس میں جانے کب سے
ہماری غیرت کفن لپیٹے ہوئے پڑی ہے
نئ صدی منتظر کھڑی ہے
یہی گھڑی ہے
بس ایک بار اپنا جائزہ لو
کہ جن کے بارے میں لوحِ وعدہ پہ
آیتِ فتح کب سے تحریر ہے
وہ تم ہو؟
جو عہدِ ماضی کی داستانوں، حکایتوں، تذکروں میں
دانش بہادری... علم اور غیرت کی ایک تصویر ہو... وہ تم ہو؟
نہیں نہیں اس طرح نہ جھینپو
وہ تم نہیں ہو
کہ حکمرانی کے کھیل میں تم نے

گھر دریچے، منڈیر بازار، راستوں اور گلی محلّوں کا حُسن پامال کر دیا ہے
تمام بچّوں کی تتلیاں، پھول رنگ پتنگیں اُجاڑ کر اُن کو کتنا بے حال کر دیا ہے
ہری بھری خواب رنگ دنیا کا تم نے کیا حال کر دیا ہے
تمہارے جُھوٹے حسین وعدوں کی دُھند کے اُس طرف
ہَواؤں کے قافلے کب سے دربدر ہیں
ادھر ابھی رہ گزارِ ہستی کی بُھل بھلیّوں میں ہانپتے کانپتے ہوئے لوگ
سانس لینے کے منتظر ہیں
تمہاری چالوں سے بے خبر ہیں
مگر جو نسل آئے گی یا جو ہے
تمہاری دہلیز پر کھڑی ہے
یہی گھڑی ہے
تم اپنی خود ساختہ اناؤں کے ریت محلوں کو توڑ دو
کھوکھلے اور گھناؤنے، بدقماش نعروں کی فصل
لوگوں کے بیچ اُگانے کی رسم کو چھوڑ دو
اور اک بار... صرف اک بار
جھوٹ کا اعتراف کر لو
کہ سچ یہی ہے

نئی صدی منتظر کھڑی ہے
یہی گھڑی ہے
کہ پھر تو محرابِ وقت کے طاقچوں میں
مہلت کا اک دِیا بھی نہیں جلے گا
فصیلِ امکاں پہ روشنی کا جو دَر کھلا ہے
وہ اب اگر بند ہو گیا تو نہیں کُھلے گا
وہ ایک پل جو حساب کا ہے
وہ آ گیا تو نہیں ٹلے گا
یہی گھڑی ہے
بس ایک بار اپنے جھوٹ کا اعتراف کر لو
کہ سچ یہی ہے
نئی صدی منتظر کھڑی رہے

(دسمبر/۱۹۹۲ء)

○

اِس خرابے کی تاریخ کچھ بھی سہی، رات ڈھلنی تو ہے رُت بدلنی تو ہے
خیمۂ خاک سے روشنی کی سَواری نکلنی تو ہے رُت بدلنی تو ہے

کیا ہُوا جو ہَوائیں نہیں مہرباں، اِک تغیّر پہ آباد ہے یہ جہاں
بزم آغاز ہونے سے پہلے یہاں، شمع جلنی تو ہے رُت بدلنی تو ہے

دامنِ دل ہو یا سایہ چشم ولب، دونوں بارش کی طرح برستے ہوں جَب
ایسے عالم میں پھر بھیگ جانے کی خواہش مچلنی تو ہے رُت بدلنی تو ہے

اَبر کے سلسلے اور پیاسی زمیں، آگ بجھتی ہے پانی سے سُورج نہیں
کُہساروں پہ جمتی ہوئی برف اِک دن پگھلنی تو ہے رُت بدلنی تو ہے

عشق ایجاد ہم سے ہوا ہے سَو ہم، اِس کے رمز و کنایہ سے واقف بھی ہیں
تیرے بیمار کی یہ جو حالت ہے آخر سنبھلنی تو ہے رُت بدلنی تو ہے

(اگست ۱۹۹۰ء)

○

یہاں جو فرض کرتا ہے اُسے کھونا ہی کھونا ہے
محبّت میں نہ ہونا کچھ نہیں ہے صرف ہونا ہے

پُرانے لوگ اکثر چاند کی خواہش میں جلتے تھے
نئے بچوں کے ہاتھوں میں تو سُورج بھی کِھلونا ہے

یہی تو وقت ہے خوابوں کے تعبیروں میں ڈھلنے کا
یہ لمحہ ہاتھ سے نکلا تو ساری عُمر رونا ہے

یہ دُنیا ہے یہاں اِک دوسرے کے کام آجاؤ
یہاں کے بعد تو بس اپنا اپنا بوجھ ڈھونا ہے

سؔلیم اَب آنکھ بے ترتیبیٔ اشیاء پہ روتی ہے
وہاں تکیہ نہیں اُس کا جہاں جس کا بچھونا ہے

(جولائی ۱۹۹۰ء)

○

حُسنِ بے مہر تری آگ میں جلنے کے لئے
اب بھی کچھ لوگ ہیں چُپ چاپ پگھلنے کے لئے

زندگی بھر کی ریاضت ہی پہ موقوف نہیں
ایک لمحہ بھی غنیمت ہے سنبھلنے کے لئے

تم کو آیا نہیں تبدیلیٔ موسم کا خیال
ورنہ حالات تو ہوتے ہیں بدلنے کے لئے

مجھ میں سَب ہجر زدہ خواہشیں پامال ہوئیں
اِک تری یاد ہے بس پُھولنے پھلنے کے لئے

تم بھلا کیا نئی منزل کی بشارت دو گے
تم تو رستہ نہیں دیتے ہمیں چلنے کے لئے

قید کرتا ہے رہائی کے بہانے وہ سلیمؔ
اور پھر راہ نہیں دیتا نکلنے کے لئے

(جون/۱۹۹۲ء)

○

دنیا بھی ہاتھوں سے جائے
اتنا دُنیا دار نہ بن

(جولائی/۱۹۹۲ء)

○

توفیق بِنا دل میں ٹھکانہ نہیں ملتا
نقشے کی مدد سے یہ خزانہ نہیں ملتا

پلکوں پہ سلگتی ہوئی نیندوں کا دُھواں ہے
آنکھوں میں کوئی خواب سہانا نہیں ملتا

ملتی ہی نہیں اُس کو ملاقات کی راہیں
اور مجھ کو نہ ملنے کا بہانہ نہیں ملتا

تم جانتے ہو وقت سے بنتی نہیں مری
ضد کس لئے کرتے ہو کہا نا نہیں ملتا

کیا یہ بھی کوئی رسمِ رقابت ہے کہ جس میں
تم ملتے ہو مجھ سے تو زمانہ نہیں ملتا

(نومبر/۱۹۹۳ء)

○

کتنی باتیں ہیں دل میں جو کہہ نہیں سکتے
تم سے کہے بغیر بھی لیکن رہ نہیں سکتے

ہم اک دوسرے کی خاطر مر تو سکتے ہیں
لیکن ایک ہی چھت کے نیچے رہ نہیں سکتے

(اپریل/۱۹۹۱ء)

○

خود سے ملتا ہے کہ اب حال مرا پوچھتا ہے
جتنا معلوم نہیں اس سے سِوا پوچھتا ہے

اس بیاباں میں کوئی اور بھی ہے میرے سِوا
ساتھ چلتا ہُوا نقشِ کفِ پا پوچھتا ہے

صبح خلقت یہ بتاتی ہے کہ ہر شام یہاں
ایک سایہ سا کسی گھر کا پتا پوچھتا ہے

اتنی عجلت میں وہ آیا ہے خبر گیری کو
جانے اب کیا میں بتاتا ہوں وہ کیا پوچھتا ہے

کیا نمویاب ہیں اب بھی یہاں اسبابِ جنوں
خاک زادوں سے گرفتارِ ہَوا پوچھتا ہے

وقت وہ آیا کہ اب تو مرا منصف مجھ سے
جو خطا کی ہی نہیں اس کی سزا پوچھتا ہے

(جنوری ۱۹۹۳ء)

احتجاج

امن کی چادر میں
بارود اور مہلک ہتھیاروں کی گٹھڑی باندھ کے
دنیا بھر میں بھیجنے والے بے حس لوگو!
اپنی سازش گاہ سے باہر جھانک کے دیکھو
چہرے پر جانی پہچانی بے مقصد سی کچھ تحریریں
تھکے ہوئے پیروں میں بھاگتے رستوں کی ساکت زنجیریں
جیسے آزادی کے گھر میں قید ہوں دو ننگی تصویریں
خشک لبوں پر پیاس بھری تلخی کے سارے ذائقے لکھے
خالی پیٹ کو آنکھوں کی دہلیز پہ رکھے
سامنے ایک سڑک کے موڑ پہ
دو زندہ سائے روتے ہیں
چہرے مہرے رنگ اور نسل میں
بالکل تم جیسے ہوتے ہیں
میلے جسم پر اندر کا احوال سجائے

ہاتھوں کو کشکول بنائے
آنے جانے والوں سے کہتے رہتے ہیں
بابا ......کوئی کام کرالو
اوراس کے بدلے میں ہم کو
روٹی لادو
بھوک مٹادو

یہ نظم امریکہ میں مارٹن لوتھر کے شہر ایٹلانٹا میں ہوئی جبکہ یہ واقعہ لاس اینجلس میں پیش آیا۔ایک شام ہم کہیں جا رہے تھے کہ سڑک کے کنارے ایک خوبصورت جوڑے کو ہاتھ میں بینر اٹھائے بھوک سے نڈھال دیکھا جس پر لکھا تھا "ہم بھوکے ہیں ہم سے کوئی کام کرالو" اور ہمیں صرف روٹی کھلا دو۔"

(نومبر ۱۹۹۱ء)

○

گھوم پھر کر تو بہت دیکھ لیا سارے میں
اب تو بس فیصلہ کرنا ہے ترے بارے میں

کل مرے پاس سے گزرا ہوسِ زر کا بہاؤ
پر میں شامل نہ ہُوا وقت کے اس دھارے میں

(جنوری ۱۹۹۳ء)

○

اِک نیا آفتاب اُبھرنے کو ہے
یہ اندھیرا بھی اب بکھرنے کو ہے

تُو بھی اوروں کی طرح اصل نہیں
تیرا نشّہ بھی اب اُترنے کو ہے

کچھ یہیں کرنا چاہیے ورنہ
کچھ نہ کچھ تو کہیں بھی کرنے کو ہے

گرنے والے یہی تو کہتے ہیں
یہ جگہ صرف پاؤں دھرنے کو ہے

اَب وہ سردار ہے قبیلے کا
اَب وہ ہر بات سے مکرنے کو ہے

وہ جو زندہ ہے گفتگو میں کہیں
اب تو وہ آدمی بھی مَرنے کو ہے

دُشمنِ جاں تجھے خبر ہی نہیں
وہ جو اِک زخم تھا وہ بھرنے کو ہے

ساحلوں سے یہ کہہ رہی ہے ہَوا
اِک مُسافر یہاں اُترنے کو ہے

اس کو تسخیر کرکے دیکھتے ہیں
ورنہ یہ وقت بھی گزرنے کو ہے

(نومبر ۱۹۹۳ء)

○

ایک خوشبو ہے جو رستوں میں لئے پھرتا ہوں
راز کی بات کو لوگوں میں لئے پھرتا ہوں

کُھل ہی جائے گا کبھی حُسنِ سماعت مجھ پر
اپنی آواز کو گلیوں میں لئے پھرتا ہوں

ایک وعدہ ہے جسے بُھول گیا ہے کوئی
اِک امانت ہے جو یادوں میں لئے پھرتا ہوں

ایک منظر ہے جسے وقت بدل دیتا ہے
ایک صورت ہے جو خوابوں میں لئے پھرتا ہوں

خوف، تنہائی، دُھواں، بُھوک، اندھیرا، افلاس
یہ کھلونے ہیں جو بچّوں میں لئے پھرتا ہوں

رت جگے صرف تمہارا ہی مقدّر تو نہیں
میں بھی اِک خواب کو آنکھوں میں لئے پھرتا ہوں

جب سے معلوم ہُوا ہے تُو کسی اور کی ہے
زندگی میں تجھے باہوں میں لئے پھرتا ہوں

شاید اب کے کوئی تعمیر کی صُورت نکلے
کب سے اِک شہر کو سوچوں میں لئے پھرتا ہوں

(ستمبر/۱۹۹۲ء)

○

ناگہاں ہم دل زدوں کو ڈھونڈ لے گی وہ نظر
اور کسی بھی رنگ میں ایجاد کر دے گی ہمیں
پھر ہوا کے ہاتھ لگ جائے گی اِک تازہ غزل
اور کسی دل میں کہیں آباد کر دے گی ہمیں

(مئی/۱۹۹۰ء)

○

میں خاک زادہ اگر آسماں سے ڈرتا نہیں
سَبب یہ ہے کہ بلندی سے وہ اُترتا نہیں

کچھ اس لئے بھی تو نادیدہ ہے مرا دشمن
وہ جانتا ہے کہ میں چھپ کے وار کرتا نہیں

یہی تو عشق میں ہے کیمیا گری کا ہُنر
کہ راکھ ہوگیا شعلہ مگر بکھرتا نہیں

خودی کے زہر کو چکھّا نہیں ابھی تُو نے
یہ نشّہ ٹوٹ تو جاتا ہے پر اُترتا نہیں

قدم تو اب بھی پلٹتے ہیں اِک صَدا کی طرف
مگر یہ دل کسی آواز پر ٹھہرتا نہیں

مُسافروں کو غنیمت ہے میرا دم جب تک
نیا ستارہ اُفق پر کہیں اُبھرتا نہیں

مرے لئے کہیں ٹھہرا ہُوا ہے رستے میں
سُنا ہے وقت کبھی انتظار کرتا نہیں

نہ خود جلیں نہ شبوں سے لڑیں نہ دیپ جلیں
اب اِس طرح تو سویرا کہیں اُبھرتا نہیں

(نومبر/۱۹۹۲ء)

○

جان کا کیا ہے اگر عشق میں واری جاتی
لیکن اِس راہ میں ہمّت نہیں ہاری جاتی

دَر و دیوار کی ویرانی پہ ہنسنے والو
اُس کی تصویر دلوں سے بھی اُتاری جاتی

(اگست/۱۹۹۲ء)

○

دل نہیں چاہے تو اِک ساتھ بسر کیسے ہو
لیکن اِس بات کی اب اُس کو خبر کیسے ہو

پہلے اِک عمر ڈرانے میں گزر جاتی ہے
اور پھر سوچتے ہیں دُور یہ ڈر کیسے ہو

وہ سمندر ہے کہ جس سے کبھی بجھتی نہیں پیاس
پر جو سایہ نہیں دیتا ہو شجر کیسے ہو

ساتھ رہنے کی اذیّت دَر و دیوار سے پوچھ
دل نہ ملتے ہوں مکینوں کے تو گھر کیسے ہو

میں جو اک ساعتِ نادیدہ کی حیرت میں ہوں گم
اب یہی ساعتِ نادیدہ ہُنر کیسے ہو

وہ جو خود اپنے اثر ہی سے نہ نکلا ہو ابھی
تیری باتوں کا بھلا اُس پہ اثر کیسے ہو

گمرہی بھی بڑی نعمت ہے ہم ایسوں کو سلیم
ورنہ اَن دیکھے جہانوں کا سفر کیسے ہو

(جون/۱۹۹۲ء)

مجسمۂ آزادی

مشعل اور کتاب اُٹھائے آبادی سے دُور
جیسے امن کی خواہش میں کوئی آزادی سے دُور

جیسے منظر بدل رہا ہو تیز ہَوا کے بعد
پتّھر میں تجسیم ہُوا ایسے کوئی ابر نژاد

تجھ کو چُھو کر دیکھ رہا ہوں جس حیرت کے ساتھ
ہاتھوں میں آنکھیں ہیں میری اور آنکھوں میں ہاتھ

تیرے باہر دن ہے اندر گھری ہوتی شام
پانی میں آزادی رکھ دی خشکی میں کہرام

سوچ رہا ہوں ظلم کے مارے انسانوں کے نام
کب سے وقت کی دُھند میں لپٹا ہے اِک خالی جام

(بنیادی خیال، نیویارک، اپریل ۱۹۹۲ء)

○

ہمارا شہر ہے اور تیری خاطر آئے ہیں
دریچے کھول کے دیکھو مسافر آئے ہیں

لپٹ رہا ہے درختوں سے راستوں کا غبار
نہ نامہ بَر ہی ملا ہے نہ طائر آئے ہیں

(کبیر والہ، نومبر/۱۹۸۸ء)

دل تجھے ناز ہے جس شخص کی دل داری پر
دیکھ اَب وہ بھی اُتر آیا اداکاری پر

میں نے دُشمن کو جگایا تو بہت تھا لیکن
احتجاجاً نہیں اُٹّھا مِری بیداری پر

آدمی، آدمی کو کھائے چلا جاتا ہے
کچھ تو تحقیق کرو اِس نئی بیماری پر

کبھی اِس جرم پہ سَر کاٹ دیئے جاتے تھے
اَب تو انعام دیا جاتا ہے غدّاری پر

تیری قربت کا نشہ ٹوٹ رہا ہے مجھ میں
اِس قدر سہل نہ ہو تُو مری دُشواری پر

مجھ میں یوں تازہ ملاقات کے موسم جاگے
آئینہ ہنسنے لگا ہے مری تیّاری پر

کوئی دیکھے بھرے بازار کی ویرانی کو
کچھ نہ کچھ مفت ہے ہر شے کی خریداری پر

بس یہی وقت ہے سچ منہ سے نکل جانے دے
لوگ اُتر آئے ہیں ظالم کی طرفداری پر

بے حسی یہ ہمیں کس موڑ پہ لے آئی سلیم
جشن ہونے لگا اَب رسمِ عزاداری پر

(مارچ ۱۹۹۳ء)

○

پرندے اُجڑے ہُوئے آشیاں پہ بیٹھے ہُوئے
زمیں کو دیکھتے ہیں آسماں پہ بیٹھے ہُوئے

وہ خوابِ امن دکھایا گیا کہ خوش ہیں بہت
ہم اپنے عہد کے آتش فشاں پہ بیٹھے ہُوئے

مژہ سے قطرۂ خوں کی طرح ٹپکتے ہیں
ستارے کشتیٔ آبِ رواں پہ بیٹھے ہُوئے

زمانہ جن کے تجسّس میں سرگراں ہے وہ لوگ
ہُوئے ہیں سنگ ترے آستاں پہ بیٹھے ہُوئے

نہ اہلِ دیر ہی خوش ہیں نہ جن سے اہلِ حَرم
کچھ ایسے حرف ہیں میری زباں پہ بیٹھے ہُوئے

وہ کون تھے جو کہیں گردِ رہ گزر ٹھہرے
یہ کون ہیں درِ آئندگاں پہ بیٹھے ہُوئے

(دسمبر، جنوری/۱۹۹۲ء-۹۳)

○

پیار کرنے کے لئے ، گیت سُنانے کے لئے
اِک خزانہ ہے مرے پاس لُٹانے کے لئے

یاد کے زخم ہیں وعدوں کی دھنک ہے میں ہوں
یہ بہت ہے تری تصویر بنانے کے لئے

ہم بھی کیا لوگ ہیں خوشبو کی روایت سے الگ
خود پہ ظاہر نہ ہوئے تجھ کو چُھپانے کے لئے

راستہ روک ہی لیتا ہے تغیّر کا غُبار
ورنہ ہر راہ کُھلی ہے یہاں جانے کے لئے

کتنی صدیوں کا لہو صفحۂ مقتل پہ رہا
ایک سچّائی کو تحریر میں لانے کے لئے

ترکِ دُنیا کا ارادہ ہی کِیا تھا کہ وہ شخص
آگیا خواہشِ دُنیا کو جگانے کے لئے

ایک ہی آگ کا ایندھن نہیں بجھنے پاتا
دوسری آگ ہے تیّار جلانے کے لئے

اب کہیں تازہ مُسافت پہ نکلتے ہیں سلیؔم
اب تو وعدہ بھی نہیں کوئی نبھانے کے لئے

(فروری، مارچ ۱۹۹۲ء)

○

وہ مل گیا تھا مگر خود کو کیا بہم کرتے
کہاں سے بات بڑھاتے کہاں سے کم کرتے

نہ خالی صفحۂ دل تھا نہ کوئی سامع تھا
کسے سناتے کہاں داستاں رقم کرتے

(دسمبر ۱۹۹۲ء)

چاہا تو بہت کچھ تھا یہاں پر نہیں بدلا
تصویر بدلنے سے بھی منظر نہیں بدلا

خوف آتا ہے اُمّید ہی رستہ نہ بدل لے
جب اتنی تباہی پہ بھی یہ گھر نہیں بدلا

ممکن ہے کہ منزل کا تعیّن ہی غلط ہو
اب تک تو مری راہ کا پتھّر نہیں بدلا

تاریخ تمہاری بھی گواہی کبھی دیتی
نیزہ ہی بدل جاتا اگر سَر نہیں بدلا

پیروں میں زمیں آسماں سَر پر ہے ابھی تک
چادر نہیں بدلی مرا بستر نہیں بدلا

کیسے ترے کہنے سے بدل جاؤں کہ اَب تک
دریاؤں کی خواہش پہ سمندر نہیں بدلا

(مئی/۱۹۹۱ء)

بادِ شمال

میں سوچتا ہوں یہ مصرُوف رہ گزارِ جہاں
ہزاروں دیدہ و نادیدہ قافلے جس پر
گزر گئے ہیں، گزرتے ہیں اور گزریں گے
میں ان کے بیچ مُسافت کے دُکھ اُٹھاتا ہوں
صدا لگاتا ہوں اور راستہ بناتا ہوں
بس ایک وقت کا دریا رواں ہے ساتھ مرے
کسی نے آگ پہ رکھے ہوئے ہیں ہاتھ مرے
میں دیکھتا ہوں کہ دریا میں کائنات ہے گُم
کہ جیسے دن کے اُجالے میں کوئی رات ہے گُم
مگر تہوں میں ٹھہرتا نہیں ہوا کا غبار
ہر ایک لہر پہ بیٹھا ہوا ہے آب سوار
اِک آنکھ بھیڑ میں ہے دوسری نظارے پر
یہ کون آ لگا دریا ترے کِنارے پر
طلسمِ حُسن کی لذّت میں مبتلا ہے خیال
میں اپنی لہر میں ہوں یا کِسی ستارے پر
اُلجھ رہا ہوں میں خود سے اِسی سوال کے ساتھ
ملا رہا ہے جو ماضی کو میرے حال کے ساتھ
کسی نے اِس طرح دوہرا دیئے سبق مجھ میں
اُلٹ گئے کئی تاریخ کے ورق مجھ میں
تہوں میں حشر چُھپائے ہے وقت کا دریا

بظاہر اِس میں تلاطم نہ کوئی طغیانی
سَب اپنے اپنے تعصّب کی ناؤ پر بیٹھے
تباہیوں کے دہانے پر آگئے جانی
کچھ ایسے مسخ ہُوئے ظلم کے سبھی کردار
کہ جن کی شکل بھی خلقِ خدا نہ پہچانی
اب اُن سے اپنی بھی دستار کب سنبھلتی ہے
جو ایک کھیل سمجھتے رہے جہاں بانی
رواں دواں ہیں کہاں اپنے اصل کی جانب
یہ سَب زمین و زماں کس کی زیرِ نگرانی
درست کرتی ہُوئی آئینوں کی نوک پلک
نگار خانے میں تمثال گر ہے حیرانی
کوئی فضا، کوئی رُت ہو، کوئی علاقہ ہو
ہر ایک لمحہ سَفر میں ہیں تیرے زندانی
سَمے کی دُھند میں لپٹے ہوئے ہیں سائے سے
برہنگی کو چھپائے ہوئے ہے عریانی
بھٹک رہی ہے تری یاد کے جزیروں پر
دُھلے دُھلائے ہوئے منظروں کی ویرانی
ہَوا سے رنگ بدلتی ہوئی زمینوں میں
گراں بدن پہ ہوئی ہے بدن کی ارزانی
میں روکتا رہا دل کو بھی اور نگاہ کو بھی
مگر کسی نے مری بات ہی نہیں مانی

بس ایک لہر سی آتے ہوئے تو دیکھی تھی
پھر اس کے بعد سَروں سے گزر گیا پانی

ابھی تو اَبر کے پہلو سے دُھوپ نکلی ہے
کہ دُور اُجلے پہاڑوں کی برف پگھلی ہے

سبک روی کے نئے زاویئے بناتے ہوئے
ردائے شام کو نم کررہی ہے بادِ شمال

دریچے کھول کے بے سَمت راہداری کے
مُسافروں پہ ستم کررہی ہے بادِ شمال

کُھلی ہُوئی ہے بیاضِ رُخِ زمانہ جہاں
کہانیاں سی رقم کررہی ہے بادِ شمال

اِدھر اُدھر کے درختوں سے ٹُوٹتے ہوئے رنگ
نواحِ شہر میں کیسے بکھرتے جاتے ہیں

وہ شاخِ جسم گھری ہے دھنک کی بارش میں
کہ پُھول کِھلتے ہیں موسم نکھرتے جاتے ہیں

بساطِ خواب پہ رکھے ہوئے ہیں مہرے سے
کہ بہہ رہے ہیں سَفر سے بھرے کٹورے سے

یہ کشتیاں ہیں کہیں چشمِ آب میں لرزاں
کہ جلتی بجھتی ہوئی روشنی کے ڈورے سے

اُلجھ رہا ہے کوئی ہاتھ کی لکیروں سے
پرندے گفتگو کرتے ہیں راہ گیروں سے

یہاں بھی ڈھنگ نرالے ہیں بھیک مانگنے کے

یہ سَرزمین بھی خالی نہیں فقیروں سے
بچھا ہُوا ہے اِک ایسا فریب خانۂ رنگ
کہ جیسے آئینوں سے تتلیاں اُڑا دی ہیں
یہ سب سَراب سہی پھر بھی ان سَرابوں نے
بدن میں سوئی ہوئی خواہشیں جگا دی ہیں
اُٹھا کے ساری ہی پابندیاں ہمارے لئے
ہزار طرح کی پابندیاں لگا دی ہیں
کہیں پہ آدمی آزادیوں کی قید میں ہے
کہیں پہ قید میں آزادیاں سَجا دی ہیں
فشارِ خواب سے جاگے نہیں ہیں خواب نژاد
یہ شہر رُوح سے خالی ہے جسم سے آباد
یہ ایسا کون سَفر میں ہے جس کی قربت سے
اُبھر رہے ہیں دبے پاؤں بے نشاں جادے
زباں مٹانے میں مصروف ہے کہ ہونٹوں پر
لکھے ہوئے ہیں کسی سے کئے ہوئے وعدے
کہاں کہاں تری شہزادیاں اسیر ہُوئیں
تجھے تو ان کی خبر ہی نہیں ہے شہزادے
مجھے ملال یہی ہے نئی فضاؤں میں بھی
فلک کو چھُو نہیں پائے مرے زمیں زادے
کہاں کے رنگ کہاں کِھل رہے ہیں دیکھو تو
کہاں کے لوگ کہاں مل رہے ہیں دیکھو تو

اَب اُن کا اپنا بھی کوئی نشاں نہیں ملتا
جو راستے کبھی منزل رہے ہیں دیکھو تو
نظر اُٹھا کے جنہیں دیکھتا نہیں کوئی
کبھی یہ رونقِ محفل رہے ہیں دیکھو تو
جنہیں بہائے لئے جارہی ہے موجِ فنا
کبھی یہ صورتِ ساحل رہے ہیں دیکھو تو
جو اپنے آپ کو مقتول کہہ رہے ہیں یہاں
تو کیا یہ واقعی قاتل رہے ہیں دیکھو تو
وہ جن کا ذہن بھی گروی ہے اور سوچیں بھی
زباں بھی اپنی نہیں اور جن کی باتیں بھی
وہ جن کے دن بھی پرائے ہیں اور راتیں بھی
وہ جن کی ہم سے جدا منزلیں بھی راہیں بھی
ہمارے نام پہ غیروں کی ترجمانی کی
یہاں تو ایسے ہی لوگوں نے حکمرانی کی
وہ احتیاط کا عالم رہا ہے ساری عُمر
کہ نامہ بَر سے بھی جو بات کی زبانی کی
کچھ ایسے جال بچھائے گئے سیاست کے
عوام چاہیں تو فریاد کر نہیں سکتے
کسی کو کیسے رہائی دلا سکیں گے وہ لوگ
جو اپنے آپ کو آزاد کر نہیں سکتے
ستارے اوڑھے ہوئے راستوں کے سنّاٹے

ہمک رہے ہیں مگر کوئی سوچتا ہی نہیں
یہ رنگ و نسل میں ڈوبی ہوئی سجل دُنیا
جُھلس رہی ہے مگر کوئی دیکھتا ہی نہیں
یہ کون آگ لگاتا ہے گل زمینوں کو
یہ کون خون بہاتا ہے بے گناہوں کا
تباہ کرتا ہے یہ کون امنِ عالم کو
یہ کون اہلِ محبّت کو خُوں رُلاتا ہے
خراج لیتا ہے آبادیوں کے جنگل سے
پھر اُن کو تنہا مصیبت میں چھوڑ جاتا ہے
یہ ایسا کون ہے آخر زمیں کے نقشے پر
جو ایک خوف کا عفریت بن کے پھیلا ہے
جسے پسند نہیں ہے کسی کی آزادی
وہ جس کی آنکھ بھی میلی ہے دل بھی میلا ہے
یہاں وہاں یہ ترے میرے منظروں کے اسیر
تھکن اُتارتے پھرتے ہیں موسموں کے سفیر
نئے جہانوں کی جانب اشارہ کرتی ہُوئی
چمک رہی ہے اندھیرے میں روشنی کی لکیر
جہاں میں اہلِ ستم ایک ہوگئے جیسے
اِسی طرح جو یہ مظلوم ایک ہوجائیں
تو پھر یہ خوف کا عفریت مر بھی سکتا ہے
نکل پڑیں جو اُمیدوں کی مشعلیں لے کر

اُمید اور عمل پر ہے زندگی کی اساس
اِسی لئے تو کبھی ٹُوٹتی نہیں مری آس
ہزار جبر کے پہرے لگے رہے مجھ پر
ہزار بار صلیبیں سجائیں میرے لئے
ہزار تم نے فضاؤں میں جال پھیلائے
ہزار بار فصیلیں اُٹھائیں میرے لئے
مگر کہیں بھی، نہیں رُک سکی مری پرواز
میں جھیلتا ہی رہا وقت کے نشیب و فراز
اور اب تو جیسے دُعا بن گیا ہے میرا وجود
کہ مجھ میں ایک ہُوئے جارہے ہیں بُود و نبود
اسی لئے تو میں سچ بولنے لگا ہوں بہت
اسی لئے تو لہو سے جلا رہا ہوں چراغ
کہ میں نہیں تو کوئی اور صبح دیکھے گا
وہ اک ہجوم پسِ جبرِ نارسائی ہے جو
نئے جہانوں کا پرچم اُٹھا کے نکلے گا

(لندن، اگست/۱۹۹۱تا نومبر/۱۹۹۳ء)

○

چھاؤں کو دُھوپ میں پیوستہ کیۓ جاتا ہے
عشق صحراؤں کو گُلدستہ کیۓ جاتا ہے

ساۓ کو راہ نہیں ملتی مگر میرے لئے
کوئی اِس بھیڑ میں بھی رستہ کیۓ جاتا ہے

آدمی اتنا اکیلا ہے کہ خود اپنے خلاف
اپنی تنہائی کو صف بستہ کیۓ جاتا ہے

لوگ پیاسے مرے جاتے ہیں مگر حاکمِ شہر
پانی مہنگا تو لہو سستا کیۓ جاتا ہے

کوئی تعبیر نہیں وقت کے دامن میں سلیمؔ
اور نۓ خواب سے وابستہ کیۓ جاتا ہے

(اپریل، جون/۱۹۹۳ء)

○

یہ تو سب خواب ہے اصل اور کہیں ہے شاید
یاں جو موجود ہے موجود نہیں ہے شاید

منتظر ہے ترا مطلوب تُجھی میں کب سے
اور تجھے پھر بھی نہ ملنے کا یقیں ہے شاید

کششِ ثقل سے نکلے ہی کہاں ہیں ترے پاؤں
تو جسے آسماں سمجھا ہے زمیں ہے شاید

کب مرا مشورہ شامل ہے تری دُنیا میں
اب مجھے ٹھیک سے تو یاد نہیں ہے شاید

کچھ نہ کچھ نقص تو ہر ایک میں ہوسکتا ہے
اس حوالے سے تو جو بھی ہے حسیں ہے شاید

اتنا سچ بولنے والا تو یہاں کوئی نہیں
تو کسی اور خرابے کا مکیں ہے شاید

(مارچ، مئی ۱۹۹۳ء)

بچھڑا ہے تو سوچ میں پڑے ہیں
راتیں ہیں بڑی کہ دن بڑے ہیں

اس عمر میں ہجر کیا اُٹھائیں
آجا کہ یہ مرحلے کڑے ہیں

ہم کتنا سنبھالتے تھے پھر بھی
کچھ خواب ہمارے گر پڑے ہیں

یوں کوئی پُکارتا ہے جیسے
آواز کے رُوبرو کھڑے ہیں

باتوں میں دھنک سی ٹُوٹتی ہے
لفظوں میں ستارے سے جڑے ہیں

آنکھیں نہ بتاسکیں گی شاید
نیندوں سے جورت جَگے لڑے ہیں

صدیوں کے چلے ہوئے زمانے
آخر ترے سائے میں کھڑے ہیں

(نومبر، مئی/۹۳_۱۹۹۱ء)

○

اُفقِ شام پہ روشن ہُوئیں یادیں میری
پھر نئی صبح سے مل جائیں گی راتیں میری

تابِ نظّارہ کی توفیق ملی ہے مجھ کو
جلوۂ حُسن پہ مامور ہیں آنکھیں میری

جسم کی قید کو مت رُوح کا آزار سمجھ
تیرے قبضے میں ہے آواز نہ سانسیں میری

تیرے ہاتھوں میں بھی کب ہے مرا جینا مرنا
پہلے لوگوں نے بھی مانی نہیں باتیں میری

اِس بلندی ہی میں آدابِ نمو ہے شاید
پھول پھل آتے ہی جھکنے لگیں شاخیں میری

کھل اُٹھی ہے مری آواز کی خوشبو جیسے
یاد کرلی ہیں ہواؤں نے کتابیں میری

اُس کے دھوکے میں زمانہ گلے ملتا ہے سلیمؔ
جس کی خاطر ہیں یہ پھیلی ہُوئی باہیں میری

(اپریل ۱۹۹۳ء)

○

وہ وقت گزر رہا ہے مجھ میں
اِک عہد اُبھر رہا ہے مجھ میں

میں خواب کی لَو میں دیکھتا ہوں
آئینہ سنور رہا ہے مجھ میں

یادوں کی تھکن اُتر رہی ہے
یہ کون نکھر رہا ہے مجھ میں

میرے لئے بے اثر ہے سب کچھ
اتنا تو اثر رہا ہے مجھ میں

رُکنے کا سوال ہی نہیں ہے
رُکنے کا تو ڈر رہا ہے مجھ میں

جب لوگ سَفر سے کٹ گئے تھے
ہر لمحہ سَفر رہا ہے مجھ میں

تیری ہی خبر نہیں تھی ورنہ
اِک شہرِ خبر رہا ہے مجھ میں

کیا تجھ سے گلہ کروں کہ دُنیا
تیرا کبھی گھر رہا ہے مجھ میں

جس کے لئے شہر منتظر تھا
وہ شہر بدَر رہا ہے مجھ میں

افلاک جھکے ہوئے ہیں جس پر
وہ خاک بَسر رہا ہے مجھ میں

جو خم نہ ہُوا کسی کے آگے
شانوں پہ وہ سَر رہا ہے مجھ میں

(مئی/۱۹۹۳ء)